江苏

民防知识手册

◎江苏省民防局　主编

社区版

南京大学出版社

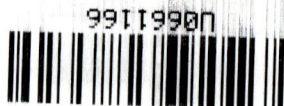

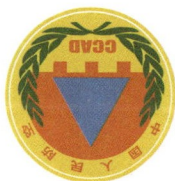

象灾害防护常识、紧急呼救常识、居家安全事故防范常识、应急救护常识、交通安全常识等公众应知应会的知识，努力使本书成为公众熟悉、掌握防空防灾知识的行动指南，宣传、普及防空防灾基本知识和技能，使公众增强国防观念和安全防范意识，提高公众应对战争空袭、自然灾害和突发事件的综合防护能力。

在本书的编写过程中，参阅了国内外许多现有的教材、参考书和网络资料，恕不一一列出，在此一并表示衷心的感谢。囿于编者水平有限，偏颇疏漏之处在所难免，敬请广大读者提出宝贵意见，我们将进一步修改，以臻于完善。

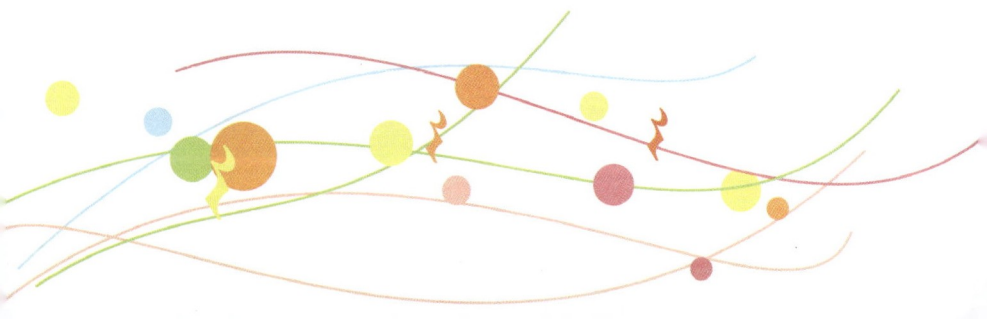

编者

2018 年 5 月

前　言

习近平总书记在第七次全国人民防空会议上强调："人民防空是国之大事，是国家战略，是长期战略。要坚持人民防空为人民，铸就坚不可摧的护民之盾。"江苏地处东部经济发达地区和海边防前沿，人口密度居全国各省之首，是重要的战略通道和国防动员基地，人民防空任务非常艰巨。

为做好新时代民防工作，深入开展民防知识教育，我们围绕坚持国家总体安全观，坚持以人民为中心，以人民安全为宗旨，努力满足人民日益增长的美好生活需要，紧贴社区群众日常防空防灾需求，结合民防工作实际，编写了这本《江苏民防知识手册·社区版》。全书的编写采用问答的形式，罗列了常见的防空防灾知识和应急技能相关问题，力求言简意赅、通俗易懂，并配有大量形象生动的漫画和图片，增强阅读的趣味性、实用性和可操作性。全书的主要内容包括人民防空常识、核化生安全防护常识、地质灾害防护常识、气

通过智能手机扫描书中二维码，可观看视频，更直观地了解防空警报、室外防护方法、室内防护方法、化学武器防护、灭火器使用方法、止血方法、心肺复苏方法等知识和技能。

编委会

主　　编：戴跃强

副 主 编：杨建国

编　　写：张金国　向　军　何　冰　王建新

钱红雨　洪　飞　刘　坚　谢　静

策　　划：张金国

统　　稿：谢　静

校　　对：万瑜哲　辛　科　孙　峰

出版统筹：薛志红　耿飞燕

插图设计：漆俊波

版式设计：马　玉

目录

一、人民防空常识

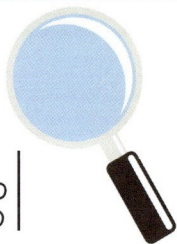

二、核化生安全防护常识

三、地质灾害防护常识

四、气象灾害防护常识

五、紧急呼救常识

六、居家安全事故防范常识

七、应急救护常识

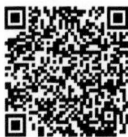

一、人民防空常识

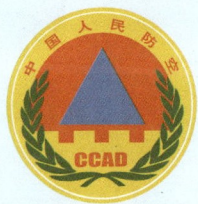

1 什么是民防？

民防是民事防护的简称，是政府动员和组织群众，采取防空袭、抗灾救灾措施，实施救援行动，防范和减轻灾害危害的活动。民防功能的范围除了应对战争灾害外，还包括应对和平时期的自然灾害和突发事故。

▲ 人民防空演练

2 什么是人民防空？

人民防空是国防的重要组成部分，主要包括两个基本内涵：一是和平时期为防备敌空袭的需要，动员和组织人民群众所采取的相关准备措施和行动，即进行人民防空建设；二是战时为防御敌空袭的需要，动员和组织人民群众所采取的防护措施和行动，即开展人民防空袭斗争。

1996年10月29日，第八届全国人民代表大会常务委员会第二十二次会议通过了《中华人民共和国防空法》，1997年1月1日施行。

3 民防与人民防空的关系是什么？

民防和人民防空既有联系也有区别。民防的内涵包含人民防空，并且融入了防灾减灾、应急服务内容，进一步将防空防灾一体化建设，民防的提法大大扩展了人防的任务，不仅战时能防空，平时还能防灾减灾。

▲ 社区民众接受人防掩蔽演练教育

江苏民防是在实践和探索中逐步形成和发展的，过去就是承担人民防空的职能。2001年，中共中央、国务院、中央军委提出人防建设应坚持战时防空与平时防灾减灾相结合的原则；要求各级政府加强人民防空建设，推进人防与国际民防接轨。2002年，江苏省在南京、苏州、连云港三个城市开展民防试点工作。2005年，省人民防空办公室增挂民防局牌子，此后，全省各级民防局陆续挂牌。2009年，省人民防空办公室正式更名为省民防局。

4 人民防空建设的方针、原则是什么？

人民防空实行长期准备、重点建设、平战结合的方针，贯彻与经济建设协调发展，与城市建设相结合的原则。《江苏省实施〈中华人民共和国人民防空法〉办法》（以下简称《省实施办法》）第二条规定，我省人民防空“贯彻与经济社会发展相协调，与城市建设相结合，与防灾、救灾和处置突发事件相兼容的原则，坚持防空防灾一体化”。这是对人民防空建设方针原则的深化、细化、具体化。

5 人民防空的使命任务是什么？

2014 年 12 月，《中共中央、国务院、中央军委关于深入推进人民防空改革发展若干问题的决定》首次明确提出，人民防空的使命任务是“战时防空、平时服务、应急支援”。战时防空是动员和组织群众防范和减轻空袭危害，这是人防的根本使命职能和首要任务；平时服务是利用人防战备资源优势服务经济社会发展；应急支援是参与政府应急管理行动。

6 人民防空法律法规包括哪些？

人民防空法律法规主要指《人民防空法》和《省实施办法》等专门法律和法规，也包括《国防法》《国防动员法》《国防教育法》等国防相关法律法规，以及《城市规划法》《建筑法》《建设工程质量管理条例》《江苏省物业管理条例》等与人民防空建设密切相关的法律法规。

7 民防的主要任务有哪些？

平时的主要任务

（1）开展民防知识宣传教育；
（2）建设和维护民防工程；
（3）建立指挥通信系统；
（4）制定抗灾救灾预案；
（5）组织和训练民防专业队伍；
（6）应对平时灾害。

战时的主要任务

（1）通过充分准备从心理上威慑战略对手或潜在战略对手；
（2）利用现有资源为防空、防灾提供预警；
（3）保障国家的国防安全和人民群众的生命财产安全；
（4）维护正常的社会秩序。

国际民防日是哪一天？

3月1日是国际民防组织确定的“国际民防日”。

8 中国人民防空的标志是什么？

9 信息化条件下空袭对民众可能产生哪些危害？

信息化空袭通常是指在信息化时代，利用信息化武器系统，从海、陆、空、天各种作战平台上，对敌方重要目标实施的高精确、高毁伤、全时空的袭击。

信息化空袭的特点有：大量使用精确制导武器打击重要目标；运用高技术武器，毁伤程度高；作战手段多样。

信息化空袭可直接杀伤民众，可对道路、桥梁、江河湖泊的堤坝、交通枢纽、通信枢纽、仓库、电站、供水工程、供电工程、供气工程等重要目标实施精确打击，破坏城市功能，严重影响人们生活。在进行信息化空袭期间，敌方往往会发动心理战，发送大量心理干扰信息，破坏民众的心理防线，造成更为严重的心理危害。

10 民防工程有哪些功能？

民防工程，指为防范和减轻各种灾害危害，保护国家和公民生命财产安全而修建的防护工程。民防工程包括人防工程、应急

▲ 民防工程

避难场所、应急疏散基地和人口疏散地域等。建设民防工程的根本用途是为战时掩蔽人员及物资、灾时保障群众生命财产提供安全的场所，必须按照国家规定的防护标准要求进行建设，保证使用效能。同时，在和平时期应当充分开发利用民防工程，为经济建设和群众的生产、生活服务。

11 民防应急避难场所是做什么用的？

民防应急避难场所，是各地民防部门为应对突发事件，利用现有人防工程和民防疏散基地、防空林，以及结合城市绿地、广场、公园或大型体育场所等开辟的供居民紧急疏散、临时生活的安全场所。

12 防空地下室与普通民用地下室有什么区别？

防空地下室是根据人防工程防护要求专门设计的；普通地下室是为稳定地上建筑物或实现某种用途而建的。两者的不同点有：

（1）防空地下室顶板、侧墙、地板都比普通地下室更厚实、坚固，除承重外还有一定抗冲击波和常规炸弹爆轰波的能力。

（2）防空地下室结构密闭，有滤毒通风设备，有防化学、生物战剂的设备和能力，而普通地下室没有。

（3）防空地下室有室外安全进出口，普通地下室没有。

（4）防空地下室的防震能力要比普通地下室好。

战时，对普通地下室进行必要的加固、改造，也可使其具备一定的防护效能。

江苏对全省范围内的民防工程均按规范要求进行了标识标注。

《江苏省物业管理条例》第六十六条规定，物业管理区域内依法配建的人民防空工程平时用作停车位的，应当向全体业主开放，出租的租赁期限不得超过三年，不得将停车位出售、附赠。

13 城市新建民用建筑为什么要修建防空地下室？

《人民防空法》第二十二条规定：“城市新建民用建筑，按照国家有关规定修建战时可用于防空的地下室。”

结合城市新建民用建筑修建战时可用于防空的地下室，是战时保障城市居民就近就地掩蔽，减少伤亡损失的重要途径，也是世界各国的普遍做法。自 1955 年 12 月以来，国务院、中央军委和国家有关部门先后颁发了一系列关于结合民用建筑修建防空地下室的规定。作为人防工程建设的重要组成部分，城市新建民用建筑，按照国家有关规定修建战时可用于防空的地下室，规范的重点是必须按照规定修建防空地下室，不得漏建或者随意不建，不得以易地建设代替修建，不得以减免易地建设费的理由减免修建防空地下室义务。按照国家规定，防空地下室建设费用据实列入建设项目开发成本。

14 民防工程在现代战争中还有作用吗？

随着高端精确制导武器的出现，人们现在存在一种误解，以为民防工程在现代战争中难以起到有效的作用了。事实证明，不管是过去的战争，还是现代的海湾战争、科索沃战争和伊拉克战争，民防工程仍然是现代高技术条件下组织群众防护、与敌空袭做斗争的重要物质基础。民防工程为广大群众提供最普遍、最基本的防护，并不用来对付高精尖武器。高精尖武器的使用成本很高、代价昂贵，此类武器不会被用来打击普通民用防护设施。但是，如果没有民防工程，势必大大削弱国家的国防能力，危及广大群众生命财产安全，危及国家的安全。

15 在平时使用、管理民防工程的过程中，有哪些禁止行为？

未经人防主管部门同意，任何组织或者个人不得擅自使用、擅自拆除人民防空工程，不得进行下列影响人民防空工程使用或者降低人民防空工程防护能力的作业。

（1）在危害人民防空工程安全的范围内进行采石、伐木、取土、爆破、挖洞、开沟、植桩等；

（2）在影响人民防空工程进出和正常使用的范围内设置障碍、堆放物品、新建建筑物；

（3）向人民防空工程内排入废水、废气和倾倒废弃物；

（4）在人民防空工程内或者危及其安全的范围内，生产或储存爆炸、剧毒、易燃、放射性和腐蚀性物品；

（5）擅自将管网、线缆穿越人民防空工程；

（6）毁损人民防空工程孔口伪装、地面附属设施以及防洪和防倒灌设施，堵塞或者截断人民防空工程的出入口、进排风竖井、进排水管道；

（7）擅自改变人民防空工程主体结构，拆除防护设施，进行穿墙打孔等影响防护效能的改造和装修；

（8）占用人民防空工程通风、配电等设备用房做其他用途。

16 我们小区有没有人防工程？

目前，不是所有小区都有人防工程。原因主要有两个：一是一些老旧小区过去没有配建人防工程；二是一些小区不具备建设条件，或者附近有可以提供使用的防护工程等。

17 小区里哪些工程是人防工程？

《省实施办法》第十五条第四款规定："依法按照国家和省规定的比例结合城市新建民用建筑修建的防空地下室，应当按照设计文件在实地标注，任何单位和个人不得出售。"

我省新建人防工程一般应在主要出入口、建设用地范围内的主要道路设有醒目的"民防工程"橙色标识牌、指示牌，人防工程内部也应对按照国家规定比例建设的人防工程区域进行标示。对过去已建人防工程应当逐步完善标识标示工作。具体情况可以向小区物业或者街道居委会了解，也可以向当地民防部门咨询了解。

18 小区人防工程平时如何使用？

（1）平战结合。《省实施办法》第十五条第一款规定："国家鼓励平时利用人民防空工程和设施为经济建设和人民生活服务。人民防空工程除重要的指挥、通信等工程外，在不影响防空效能的条件下，经人防主管部门同意，均可以开发利用。”开发利用人民防空工程和设施，应当按照国家有关规定办理相应批准手续，涉及对外经营的，还需有关部门依法核发营业执照和许可证。我省规定人防工程使用管理单位应当到民防机关申办《人防工程平时使用证》，签订人防工程维护协议，落实人防工程维护资金。

（2）平等使用。在国家法律没有对人防工程所有权做出规定前，《江苏省物业管理条例》第六十六条第二款规定："物业管理区域内依法配建的人民防空工程平时用作停车位的，应当向全体业主开放，出租的租赁期限不得超过三年，不得将停车位出售、附赠。”因此，全体业主平等享有人防工程停车位使用权。一些地方通过摇号、抽签等方式保证每户业主享有平等的机会取得车位使用权。不可以因部分人长期占用而侵害其他人的使用权利。在有条件的前提下，没有车或者暂时没有取得停车机会的业主，可以通过分享人防工程停车位收益的形式，实现自己的权益。

（3）有偿使用。《江苏省物业管理条例》确定了人防工程有偿使用原则，最大程度实现人防工程停车位的使用价值。人防工程竣工验收后经批准作为停车位使用的，原则上应当参照公共停车设施实行政府指导定价，业主按照规定或者约定缴纳的人防工程停车费或者租金，按照规定用于人防工程维护和停车管理的必要支出。

19 人防工程归谁所有？

物权法定是民法基本原则。我国现行法律，包括《物权法》，没有对人防工程所有权做出明确规定，而是采取了“搁置”的方法。2007 年 3 月 27 日，全国人大常委会法制工作委员会负责人就《物权法》有关问题答记者问时明确表示：“对建筑区划内的会所、人防工程等能否归业主共有，还有不同意见，需要具体认定。”因此目前不能简单适用《物权法》推出人防工程所有权归谁所有。

20 人防工程平时由谁维护？

根据“谁使用、谁维护”的原则，人民防空指挥工程、公用的人员掩蔽工程和疏散干道工程，由民防部门负责维护。平时已经开发利用的人防工程维护责任由使用管理单位承担，人民防空行政主管部门对人防工程维护责任落实情况进行监督检查。未开发利用的，由建设单位负责维护。具体要根据当地人民政府及相关部门规定执行。总之，人防工程维护事关国防，责任重大，不可放松。

21 如何理解“人民防空工程平时由投资者使用管理，收益归投资者所有”的规定？

《人民防空法》第五条第二款规定：“国家鼓励、支持企业事业组织、社会团体和个人，通过多种途径，投资进行人民防空工程建设；人民防空工程平时由投资者使用管理，收益归投资者所有。”

这是关于国家对人民防空设施建设给予优惠政策的规定，不是关于人防工程所有权的确定。《人民防空法》制定于20世纪90年代，我国房地产市场尚未建立，也尚未形成私有房屋产权制度。投入资金结合城市新建民用建筑修建防空地下室是一种出资行为，而非现代市场经济意义下以营利为目的的投资行为。两者有着本质区别。即使是现代意义下的“投资”行为，按照现行法律规定，人防工程也不是完全由出资人的“投资”建成的，并非当然归某一类投资人所有。

22 小区人防工程为什么不能买卖，人防工程停车位为什么不得出售？

（1）法律的限制性规定。《人民防空法》第五条第二款规定“人民防空工程平时由投资者使用管理，收益归投资者所有”。这条规定包含两个重要内容，一是规定了“投资者”平时可以享有人防工程占有、使用、收益的权利。二是“投资人”不享有人防工程的处分权，实际上就是排除人防工程归投资者所有。《城市房地产管理法》第三十八条规定下列房地产不得转让，“（五）权属有争议的”。根据这一规定，人防工程由于产权不明也是不得转让的。

（2）地方性法规的禁止性规定。《省实施办法》第十五条第四款规定：“依法按照国家和省规定的比例结合城市新建民用建筑修建的防空地下室，应当按照设计文件在实地标注，任何单位和个人不得出售。”《江苏省物业管理条例》第六十六条第二款规定：“物业管理区域内依法配建的人民防空工程平时用作停车位的，应当向全体业主开放，出租的租赁期限不得超过三年，不得将停车位出售、附赠。”

（3）加强人防工程维护管理的需要。人防工程首先是用于战备的国防工程，将人防工程停车位出售，会导致人防工程日后的维护责任、维护资金等难以落实，不利于人防工程战时功能的保护和完整。

（4）切实维护业主权益的需要。违规出售的人防工程停车位无法取得车位所有权，购买人的权益得不到法律保护。违规出售行为严重影响国家对人民防空工程的监管，容易引发业主与企业以及业主之间一系列矛盾与纠纷。人防工程停车位一旦变为部分人专有，将违背法律本意，影响其他人依法享有的使用权利，损害社会公平。

23 人防工程停车位租赁期限为什么不得超过三年？

《江苏省物业管理条例》第六十六条第二款规定："物业管理区域内依法配建的人民防空工程平时用作停车位的，应当向全体业主开放，出租的租赁期限不得超过三年，不得将停车位出售、附赠。"

这是在人防工程产权不明、《人民防空法》即将修订的情况下采取的保护性和过渡性措施，一旦国家法律有明确规定后，可以根据法律规定及时调整。这样规定的目的既是为了确保人防工程的国防功能不受侵害，也是为了更好促进人防工程依法开发利用，维护社会稳定，保护全体业主和开发企业的合法权益。

24 为什么有的人防工程停车位可以出售？

物业小区内依法按照规定比例修建的人防工程，平时用作停车位的，原则上是禁止出售的。对于超出规定比例修建的部分及其停车位，本质上已经不属于法定义务内修建的人防工程，抑或只是具有人防功能的普通地下建筑，国家和地方目前没有禁止性规定，但在法律明确人防工程产权归属前，原则上也不建议出售或者买卖。已经通过合法手续买卖的，应当从实际出发，按照规定承担相应的人防工程维护管理责任，战时服从国家和地方政府统一安排使用。对于过去产权制度改革试点期间出售的人防工程的管理问题，国家需要制定相应的管理办法。

25 违规出售人防工程停车位行为从何时起算？

《省实施办法》第十五条第四款规定："依法按照国家和省规定的比例结合城市新建民用建筑修建的防空地下室，应当按照设计文件在实地标注，任何单位和个人不得出售。”

法律的规定是对出售行为的禁止。上述规定是 2008 年 9 月 1 日制定施行的。因此，自 2008 年 9 月 1 日起出售人防工程及其停车位的行为就属于违法行为。2013 年 5 月 1 日修订施行的《江苏省物业管理条例》强化、细化了人防工程及其停车位“不得出售”的规定，并且进一步明确了法律责任。2008 年之前，我省一些地方试点探索人防工程产权制度改革，对这部分人防工程的权属管理应当本着尊重历史的原则妥善处理，其后的所谓附赠、转让、出售都属于违法行为。

26 人防工程停车位收取费用的用途是什么？

《江苏省物业管理条例》第六十六条第三款规定：“人民防空工程平时用作停车位收取的汽车停放费、租金，应当依照有关规定，用于该人民防空工程设施的维护管理和停车管理的必要支出，有剩余费用的按照本条例第六十五条第一款规定使用。”

第六十五条第一款规定：“业主大会成立前，需要占用业主共有的道路或者其他场地停放汽车的，应当在前期物业服务合同中约定。物业服务企业应当将汽车停放费单独列账，所得收益的百分之七十纳入住宅专项维修资金，其余部分可以用于补贴物业服务费。”

根据以上规定，人防工程停车位收取费用，主要用于人民防空工程设施的维护管理和停车管理的必要支出，剩余费用的百分之七十纳入住宅专项维修资金，其余部分可以用于补贴物业服务费。可以用于补贴物业服务费的意思，当然不是必须用于补贴物业服务费，法规没有具体明确规定，可以由业主委员会决定或者与物业企业商定。人防工程停车位收费管理办法和具体标准法律授权由省政府有关部门制定。此规定没有出台前，市、县可以执行原来的规定，或者参照公共停车场管理的原则，根据有利于人防工程维护管理、有利于全体业主和相关企业的原则，制定过渡或者临时性措施。

27 已购买人防工程停车位的业主怎么办？

购买违规出售的人防工程停车位是不受法律保护的，也无法取得车位所有权。已经购买的业主可以与相关企业协商解决，或者通过法律途径维护自身合法利益。如果协商不成或者民事诉讼途径不能解决，也可以向所在地民防机关投诉、举报，请求行政机关查处以帮助解决。过去，一些地方法院做出的不利于业主的相关判决，是对《人民防空法》《物权法》的错误理解和适用，已经引起上级司法机关注意并加以纠正，不影响行政机关依法查处违规出售人防工程停车位的行为。

28 违规出售人防工程停车位应负哪些责任？

《江苏省物业管理条例》第八十九条规定："违反本条例第六十六条第二款规定，将平时用作停车位的人民防空工程不向全体业主开放、出租停车位的租赁期限超过三年或者将停车位出售、附赠的，由县级以上民防行政主管部门责令限期改正，没收违法所得；逾期不改正的，处五万元以上二十万元以下罚款。"

房地产开发企业应当严格遵守法律法规，自觉履行法律义务，勇于承担法律责任，自觉整改违法违规行为，积极配合、妥善解决好已出售人防工程停车位问题。对于违规出售人防工程停车位且拒不整改的单位，民防机关将依据《江苏省物业管理条例》第八十九条规定予以查处。

29 人防工程停车位停放费、租金、价格如何确定？

《江苏省物业管理条例》第六十六条第三款规定：“人民防空工程平时用作停车位收取的汽车停放费、租金，应当依照有关规定，用于该人民防空工程设施的维护管理和停车管理的必要支出，有剩余费用的按照本条例第六十五条第一款规定使用。管理办法和具体收费标准由省价格行政主管部门会同物业管理、民防等行政主管部门制定并公布。”

这是从人防工程平时可以作为公共停车位的属性以及保证人防工程维护资金落实角度做出的规定。上述管理办法和收费标准未出台前，市、县（区）人民政府及相关部门可根据情况做出适当规定，保障人防工程停车位正常运行管理。原则上将来条件成熟的物业小区还可以根据实际情况，在与法律法规和政策规定不冲突的前提下经过全体业主集体协商，具体确定本小区人防工程停车位收费价格。

30 发现违法出售人防工程停车位、肆意破坏人防工程等现象怎么办？

人防工程使用管理单位、住宅小区业主、业主委员会和广大群众，有权对未按规定使用和维护人防工程的行为进行举报、投诉。各级民防部门应当在人防工程内部、社区宣传栏等明显位置永久性标明举报、投诉电话，方便群众监督。对于举报重大违法违规行为经查属实的，民防部门应当给予表彰和适当奖励。

31 平时使用人防工程为什么要经过人防部门的批准？

《省实施办法》第十五条规定：“人民防空工程除重要的指挥、通信等工程外，在不影响防空效能的条件下，经人防主管部门的同意，均可以开发利用。”

这样规定的主要目的是加强人防工程的监管和保护，特别是保证平时人防工程防护效能的完好。人防工程的防护效能包括工程主体结构强度、防护设备性能、工程密闭性能等多个方面，平时使用不慎，或者维护管理不到位，往往会造成防护效能的破坏，导致整个工程无法发挥作用，严重影响人防工程的战备水平和国防效能。依法加强对人防工程平时使用的监管是法律赋予人民防空行政机关的职责。接受人防行政监管，遵守人防工程平时使用规定，办理人防工程平时使用申请审批手续是公民、法人及其他组织应尽的法律义务。

一方面，通过办理行政审批手续，人防部门可以审查该工程平时使用的用途，以及相关的改造装修方案，对于不符合工程平时规划用途，或者可能对人防工程防护效能造成破坏的不予批准。另一方面，在办理平时使用审批过程中，人防部门还可以对使用管理单位进行相关指导，签订维护管理协议，明确使用人的维护管理责任，确保该工程的防护功能处于良好状态。另外，在办理人防工程平时使用审批手续时，还需要落实人防工程维护资金来源，明确使用人按照相关的规定缴纳一定的平时使用费，用于人防工程防护设备设施的维修、更换等。

这里需要说明的是，人防工程平时使用审批应当是有期限的，不是一次批准，永久使用。自 2016 年起，我省普遍实行《人防工程平时使用证》制度。《人防工程平时使用证》作为人防部门批准使用的重要凭证，必须张贴或者悬挂在人防工程内的显著位置。没有取得《人防工程平时使用证》擅自使用人防工程的行为，人防部门应当依法查处。

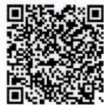

32 防空警报有几种类型？

扫码了解
防空警报

一是预先警报，在敌方对我方攻击有预兆时发放，要求人员开始疏散。鸣放方式：鸣 36 秒，停 24 秒，3 遍为一个周期（共 3 分钟）。

二是空袭警报，在敌方对我方将要攻击时发放。鸣放方式：鸣 6 秒，停 6 秒，15 遍为一个周期（共 3 分钟）。

三是解除警报，在空袭或战情暂时缓解时发放。鸣放方式：连续长鸣 3 分钟为一个周期。

江苏省防空警报试鸣日是哪天？

每年的 9 月 18 日为全省防空警报统一试鸣日。

33 防空警报鸣响时，民众应采取哪些措施？

市民听到预先警报后，应立即拉断电闸、关闭煤气、熄灭炉火，携带好个人防护器材和必需的生活用品，迅速有序地进入人防工程或指定隐蔽地域。

除了关窗、关气、关电源，还要拿上应急包喔！
应急包

空袭警报鸣放时，各有关部门和单位根据人民防空指挥部命令，立即进行治安、交通和灯火管制。未疏散隐蔽的人员立即就近进入人防工程隐蔽，关闭人防工事防护门，加强观察和警戒，开展各项防空袭工作。

市民听到解除警报后，应有组织地、有秩序地返回家中和工作岗位。当遇敌空袭造成房屋倒塌、火灾和人员伤亡等情况时，要在所在单位或社区的统一组织下，积极开展自救、互救、灭火、抢修等行动。

▲ 移动警报系统

34 民防场所常用标识有哪些？

民防工程标识分为“标识牌”和“指示牌”两种。“标识牌”安装在各人员掩蔽工程主要出入口的显著位置处；“指示牌”安装在人员掩蔽工程建设用地范围内，按每块标识牌配 1~2 块指示牌的原则配置。

民防疏散场所标识分为“标志牌”和“指示牌”两种。“标志牌”是疏散场所和场所内部设备设施、区域名称的标识；“指示牌”是设置于交通干支道和场所内部道路的引导标识。

民防工程标识牌

民防工程指示牌

民防疏散基地标志牌

民防疏散基地指示牌

民防疏散地域标志牌

民防疏散地域指示牌

防空林标志牌

防空林指示牌

应急疏散指挥部标志牌

应急指挥指示牌

应急饮用水标志牌

应急饮用水指示牌

35 常用家庭民防应急包应包含哪些物品？

常用家庭民防应急包应包含以下物品：

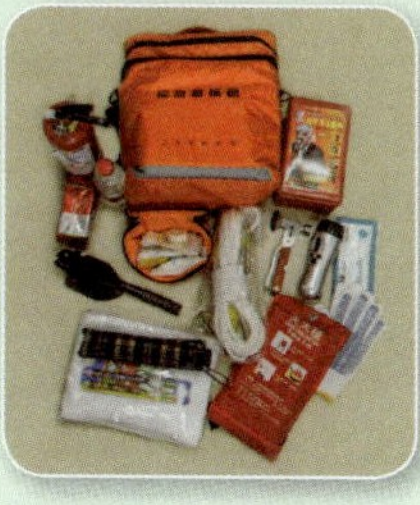

（1）证件类：身份证、学生证、工作证、信用卡、保险单、现金等。

（2）饮食类：食物和必需的简单餐具，优先携带婴儿食品，少量的瓶装水及饮水净化剂和饮水消毒剂（两天用量）。

（3）生活用品类：个人的衣服洗漱用具、雨具、简易呼吸道和皮肤防护用品、毛巾、纱布、卫生纸、塑料袋、被子或毯子等。

（4）工具类：防护眼镜、防护口罩、个人防护面具、安全帽、防护手套、多用工具刀、打火机、手电筒等。

（5）药品类：急救药品、急救包、抗生素、食盐、消毒剂、防蚊虫药、止吐药、个人特需药以及碘化钾等药品。

（6）求生类：求生指南、区域地图、指南针、放大镜、家人及亲属联络方法、民防知识手册及收音机等。

36 什么是人民防空疏散？

人民防空疏散，是指在防空袭斗争中有计划、有步骤地，分期分批将城市居民、重要的机关、企业事业单位、科研机构、物资等实施异地分散安置。它是信息化条件下人民防空防灾的基本形式之一，是保存战争潜力、减少人员伤亡和经济损失的主要措施。按时机，可将人民防空疏散分为早期疏散、临战疏散、紧急疏散，有时还包括遭受袭击后采取的紧急撤离；按内容，可分为人口疏散和工业疏散；按距离，可分为中远距离疏散、就地就近疏散。

37 人民防空疏散由谁组织？

人民防空疏散由县级以上地方人民政府统一组织。人民防空疏散必须根据国家发布的命令实施，任何组织不得擅自行动。

设区的市、县（市、区）人民政府应当按照本级防空袭方案，组织制定人民防空疏散计划和疏散接收安置方案；平时应当组织预定疏散对口地区的有关部门和单位，共同做好预定的疏散地区建设。

城市人民政府应当组织制定城市居民疏散掩蔽方案，明确疏散掩蔽的人员、集结地点、行动路线、场所，适时组织疏散掩蔽演练。

城市人民防空疏散组织实施后，交通、通信、治安、生活物资、医疗卫生、教育等有关保障，由城市人民政府会同预定的疏散地区人民政府组织有关部门负责解决。

▲ 疏散演练

38 在人民防空疏散演练过程中，民众应该怎么做？

（1）了解自己所在社区疏散的集结地点，编组情况，本组召集人的姓名、联系方式，疏散目的地及有关要求。

（2）疏散前，要清除家中及楼道、阳台上的易燃物品，关闭水、电、燃气总开关。

（3）按通知要求携带必要的生活用品和应急包，按时到指定地点集中。

（4）从大局出发，听从指挥，遵守疏散管理规定，自觉维护疏散秩序，服从疏散安置。

39 人民防空专业队有哪些？

设区的市、县（市、区）人民政府应当根据有关规定，按照专业对口组建人民防空专业队伍，并根据需要组建人民防空志愿者队伍。

各有关部门和单位负责组建相应的人民防空专业队，各专业队战时承担相应的任务：

（1）建设、公用、电力等部门组建**抢险抢修队**。抢险抢修队承担公共设施的抢险抢修，以及抢救人员、物资等任务。

（2）卫生部门组建**卫生应急专业队**。卫生应急专业队承担医疗救护和疾病预防控制等任务。

（3）公安部门组建**消防队、治安队**。消防队承担灭火救援等任务；治安队承担治安保卫、交通管理等任务。

（4）卫生、环保、安监、公安等部门组建**防化防疫队**。防化防疫队承担对核、化学、生物武器袭击的监测、侦察、化验、消毒、洗消等任务。

（5）通信主管部门协调各基础电信运营企业组建**通信队**。通信队承担通信保障等任务。

（6）交通运输部门组建**运输队**。运输队承担运输人员、物资等任务。

（7）相关部门和单位应当根据任务需要组建平战转换、引偏诱爆、伪装设障、信息与网络防护等**新型专业队伍**。各新型专业队承担人民防空工程平战功能转换、信息防护等任务。

除上述规定之外的灯火管制等战时其他任务，由设区的市、县（市、区）人民政府规定。

人民防空专业队所需装备、器材和经费由组建单位负责提供，特殊专用装备、器材，由各级人防主管部门负责。

▲ 人民防空专业队

40 为什么要开展民防知识教育？

民防知识教育，是国防教育的重要组成部分，是公共安全教育的重要方面，也是学校开展素质教育和生命教育的重要途径。在和平年代，对社会公众特别是广大中小学生进行系统的民防知识教育，掌握防空防灾、应急自救互救的基本知识和技能，增强在战时防空、平时防灾行动中的心理适应能力，对提高全民国防观念、维护国家长治久安和社会繁荣稳定有着重要的现实意义。

《江苏省实施〈中华人民共和国人民防空法〉办法》规定，县级以上地方人民政府应当开展人民防空和防灾、救灾宣传教育，并将其纳入国防教育计划和普法教育规划。在校学生的人民防空和防灾、救灾知识教育，由人防和教育主管部门组织实施。教育主管部门应当将人民防空和防灾、救灾知识教育纳入教育计划，开展形式多样的教育教学活动。人防主管部门应当协助培训教员，并提供专用器材和教材。国家机关、社会团体、企业事业单位人员的人民防空教育，由所在单位组织实施。其他人员的人民防空教育，由基层人民政府组织实施。

▲ 学校开展民防知识教育

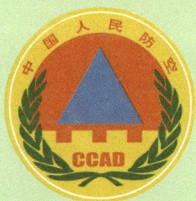

二、核化生安全防护常识

41 核武器是什么？

核武器是利用原子核反应瞬间放出巨大能量，起杀伤破坏作用的武器。它包括原子弹、氢弹、中子弹等。

42 核武器的杀伤破坏因素有哪些？

（1）光辐射，可通过灼伤皮肤、眼睛，烧伤呼吸道，引起大面积火灾等造成伤害。

（2）冲击波，可通过对内脏的挤压，对物体的抛掷、撞击造成杀伤作用。

（3）早期核辐射，作用于人体时无特殊感觉，但可以穿透人体杀死细胞，严重时引起放射性疾病。

（4）核电磁脉冲，可对电子设备造成干扰与破坏，但对人员杀伤作用相对较小。

（5）放射性污染，可通过放射性射线伤害人体细胞。

43 如何防护核武器的危害？

1. 室内人员的防护原则和方法

扫码了解
室内防护方法

室内人员的防护原则是利用坚固的建筑部位和家具，减少暴露，设置屏障。正确的方法是：发现闪光后立即利用墙角或墙根卧倒，避开门窗和易燃易爆物。冲击波过后立即抖落身上尘土，迅速进入民防工程进行防护；若没有民防工程，也可以进入冲击波袭击后未倒塌的建筑物，关闭门窗，防止灰尘进入。

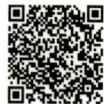

2. 室外人员的防护原则和方法

扫码了解
室外防护方法

室外人员的防护原则是减少暴露表面，争取重型屏障。正确的方法是：发现核闪光后，忌看火球，迅速进入各种民防工程掩蔽，不要随便进出或走动；来不及进入民防工程时，应立即（2 秒钟内）利用地形地物就地卧倒。遇到较大的地形地物时，横向卧倒；地形地物较小时，面向爆心卧倒；无地形地物可利用时，背向爆心卧倒；有江河湖泊时，应立即潜入水中防护。在防护时应避开高大建筑物、高压电线及易燃易爆物。

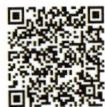

3. 遭受核武器袭击后的行动

服用预防药物；及时撤离污染区；集中处理受染衣物；对人员和物品进行洗消。

44 如何预防超量辐射？

（1）不要接近人工辐射源区域。

（2）要注意对封闭建筑内部进行通风，防止氡气浓度过高。

（3）要选择经过放射性检测并认证合格的石、砖等建筑装修材料。

（4）不要在放射性工作场所或污染区进食、吸烟等。

（5）避免体表与放射性物质接触。人体或衣物如受到沾染，应及时去污、洗消、更换。

45 核设施发生事故时的防护措施有哪些？

（1）隐蔽。尽快进入室内，关闭门窗，必要时用湿口罩、毛巾等掩住口鼻。

（2）服用碘片。

（3）人员撤离。在工作人员统一组织下撤离受污染区域，自行撤离的，要告知政府工作人员。不能擅自返回。

（4）不食用可能受到污染的食物和水。

46 为什么说核电是清洁、安全的能源？

核能发电的过程是清洁生产的过程，对环境和生态不构成什么危害。核电厂对“三废”处理和处置非常严格，排放到环境的放射性物质非常低微。在正常的情况下，核电厂附近的居民每年受到核电厂放射性物质的辐射剂量，只是相同规模火力发电厂的1/3，相同规模煤电厂的1/100 ~ 1/10，相当于看电视辐射剂量的1/2，远低于国际放射防护委员会限定的标准。

47 核电站会发生核爆炸吗？

核电站绝对不会发生核爆炸。核反应堆采用低深度裂变物质做燃料，就算能把它们挤在一起，也不可能达到高浓缩铀核爆炸的条件。即使链式反应失控，造成堆芯过热熔化等严重事故，也不会发生核爆炸。

48 田湾核电站有哪些安全措施？有可能发生类似福岛核泄漏的事故吗？

田湾核电站充分考虑了安全系统的严密性、多样性、独立性和冗余性，采用了双层安全壳和四通道的多重保护系统，增加了堆芯熔融物捕集器，针对各种可能发生的异常状况和事故，设置了相应的预防措施和安全系统，绝不会出现类似福岛核泄漏的事故。

福岛核电站是沸水堆型，而田湾核电站是压水堆型，技术更为先进。尤其是福岛核电站缺乏外部厚实的安全壳，只有内部钢安全壳，且仅有一回路供水，在极端情况下安全防护措施存在一定问题。

▲ 田湾核电站

49 什么是化学武器？

战争中以毒害作用杀伤人员、牲畜，或毁坏植物的有毒物质叫毒剂，装有毒剂并能施放毒剂的武器、器材统称化学武器。

50 化学武器的杀伤途径有哪些？

化学武器借助爆炸作用可使毒剂分散成气、烟、雾、液态，通过呼吸道吸入、皮肤渗透、误食染毒食品等多种途径使人员中毒。

51 如何防护化学武器的危害？

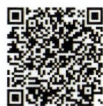

扫码了解
化学武器的防护方法

1. 集体防护

组织染毒区人员进入民防工程进行防护。组织人员对服装、水、食物、道路、建筑物进行消毒。

2. 个人防护

呼吸道防护：配有面具的人员，应立即闭眼、停止呼吸，将面具迅速准确地戴好；没有防毒面具的，可用自制的浸水、浸碱和包土颗粒的口罩、纱布、毛巾、手帕等防护呼吸道。

皮肤防护：除了可穿戴制式防毒衣防护外，还可利用就便器材进行防护。如需要通过染毒地域时，可利用雨靴对腿部进行防护，也可捆扎塑料布、帆布或毯子进行防护。

眼睛防护：佩戴防毒眼镜或改制的防风眼镜。

常见的危险化学品有哪些？

常见的危险化学品有：苯、液化气、汽油、甲醛、氨水、二氧化硫、硫化氢、农药、液氯等。

52 如何预防化学事故的发生？

（1）了解所使用的危险化学品的特性，不盲目操作，不违章使用。

（2）妥善保管身边的危险化学品，做到标签完整，密封保存，避热避光，远离火种。

（3）居室内不要存放危险化学品。

（4）乘坐车、船、飞机时，不要携带危险化学品。

（5）室内积聚易燃、易爆气体浓度过高时，应按应对燃气泄漏办法处置。

53 化学事故的防护方法有哪些？

（1）呼吸防护：戴上防毒面具、防毒口罩，捂湿毛巾等。

（2）皮肤防护：戴上手套，穿上雨衣、雨鞋等，或用床单、衣物遮住裸露的皮肤。如已备有防化服等防护装备，要及时穿戴。

（3）眼睛防护：戴各种防毒眼镜、防护镜或游泳用的护目镜等。

（4）撤离：判断毒源与风向，沿上风或侧上风路线，朝着远离毒源的方向迅速撤离。

（5）洗消：到达安全地点后，要及时脱去被污染的衣服，用流动的水冲洗身体，特别是曾经裸露的部分。

（6）食品检测：污染区及周边地区的食品和水源不可随便动用，须经检测无害后方可食用。

54 生物武器是什么？

生物武器是由生物战剂及其施放器材构成的用以危害人畜健康的一种武器。生物战剂是指在战争中用来杀伤人畜，毁坏农作物的致病微生物和毒素，包括立克次体、病毒、毒素、衣原体、真菌等。

55 生物武器的杀伤破坏途径有哪些？

处于生物武器污染区的人员，会因吸入了生物战剂污染的空气，造成呼吸道感染而致病，如鼠疫、天花等；食用了生物战剂污染的水、食物而得病，如霍乱等；生物战剂可直接经皮肤、黏膜、伤口进入人体，如炭疽杆菌等；被带有生物战剂的昆虫叮咬而致病。

56 如何防护生物武器的危害？

1. 个人防护

应根据当时具体条件选用防护器材，主要抓好戴、扎、涂、服四件事。戴防毒面具、口罩，或用毛巾捂住口、鼻，戴手套，穿塑料衣、帽、胶靴等；扎好袖口、裤脚，将上衣扎在裤腰内，围好颈部；在身体暴露部位涂抹防虫油或驱虫剂；直接接触生物战剂的人员，可口服高效、长效预防药物。

2. 集体防护

一是隔离。对敌人施放生物战剂所造成的污染区和引起鼠疫、霍乱、天花等烈性传染病的疫区应及时警戒，实行封锁，禁止无关人员出入，对传染病人进行隔离治疗。二是消毒。被污染人员可淋浴，或用肥皂水、碘酒、个人消毒包擦拭污染部位；此外，应对受污染的物件和环境进行消毒。

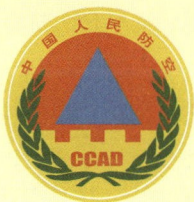

三、地质灾害防护常识

57 地震有哪些前兆？

地震前兆指地震发生前出现的异常现象。人的感官能直接觉察到的异常现象大体可分为地下水异常、生物异常、地声异常、地光异常、地震云、气象异常等；人的感官无法觉察的现象有地倾斜、海平面升降、重力场的变化等。

58 地震的震级和烈度是什么？

震级是衡量地震本身强弱或大小的一种量度，地震的能量越大，震级越高。烈度是表示地面及房屋等建筑物遭受地震影响破坏的程度。

59 地震发生时该如何防护？

（1）在平房里突发地震时，靠近门的人员应迅速冲出门外，不能出门的，要迅速躲在坚固支撑物旁，同时用被褥、枕头、脸盆等物护住头部，等地震间隙再转移到安全的地方。如果房屋倒塌，应待在躲避处不要移动，等待救援。

（2）在楼房中突发地震时，不要试图跑出楼外，要及时躲到两个承重墙之间最小的房间，如厕所、厨房等，也可躲在坚固的床、柜等支撑物旁以及房间内侧的墙角，并且注意保护好头部。千万不要去阳台和窗下躲避。

（3）在公共场所发生地震时，可躲到就近比较安全的地方，如坚固的桌柜旁、墙角等。绝不能跑进建筑物中避险，也不要在高楼下、广告牌下、狭窄的胡同、桥头等危险地方停留。

（4）在野外活动时，应尽量避开山脚、陡崖，以防滚石和滑坡；正在海边游玩时，应迅速远离海边，以防地震引起的海啸。

60 地震中不幸被埋压时，如何开展自救？

若在地震中被埋压时，要鼓起求生的勇气，消除恐惧心理；能自我离开险境者，应尽快想办法脱离险境。

1. 就地取材加强对周围物体的支撑，确保生存空间。
2. 保护头部，防意外撞击；尽量掩住口鼻，防烟尘窒息。
3. 节约使用应急食品和饮用水，必要时，自己的尿液也可用于补充水分。
4. 保存体力，不盲目喊叫，隔一段时间敲击几下；感觉外面有人时大声呼喊和多敲、重敲。

61 如何识别地震谣言？

对于地震传言，我们可以通过“一问、二想、三核”来识别。一问。首先问消息的来源，因为地震预报只有省级政府才可以发布，如果不是政府发布的即为谣言。二想。如果传播的地震消息有具体明确的时间、地点、震级，即“地震三要素”，那肯定是谣言，因为目前的地震预报水平尚达不到如此精准的水平。三核。就是向当地政府和地震部门核实，政府和地震部门会给出明确的答复。

62 滑坡有哪些预兆？

（1）大滑动之前，在滑坡前缘坡脚处，有堵塞多年的泉水复活现象，或者出现泉水（井水）突然干枯，井（钻孔）水位突变等类似的异常现象。

（2）滑坡体前缘坡脚处，土体出现上隆（凸起）现象，这是滑坡明显的向前推挤现象。

（3）大滑动之前，有岩石开裂或被剪切挤压的声响。这种现象反映了深部变形与破裂。动物对此十分敏感，常表现出异常反应。

▲ 滑坡造成的建筑破损

63 滑坡发生时如何防护？

（1）处在滑坡体上时，迅速环顾四周，向较安全的地段撤离。跑离时，两侧为最佳方向。当遇到无法跑离的高速滑坡时，原地不动或抱住大树等物。

（2）滑坡发生时人员若处在低谷，应尽量往大树等高大强固物顶端爬。

（3）人员处在河谷滩涂上，则要赶紧寻找漂浮物，并紧紧抓住漂浮物往水里跑。

64 如何躲避泥石流？

（1）迅速向与泥石流成垂直方向的两边山坡上面爬。

（2）不能躲在树上，也不能躲在有滚石和大量堆积物的下方。

（3）不能停留在陡坡土层较厚的低凹处或大石块后面。

（4）要选择平整的高地作为营地，尽可能避开有滚石和大量堆积物的山坡下面，不要在山谷和河沟底部扎营。

65 如何躲避海啸？

（1）如果发现地面强烈震动或者潮汐突然反常涨落，海平面显著下降或者有巨浪袭来，应当迅速离开海岸，向内陆高处转移。

（2）发生海啸时，航行在海上的船只不可以回港或靠岸，应该马上驶向深海区，深海区相对于海岸更为安全。

（3）如果在海啸时不幸落水，要尽量抓住木板等漂浮物。在水中不要举手，也不要乱挣扎，尽量减少动作，能浮在水面随波漂流即可。

▲ 海啸灾害

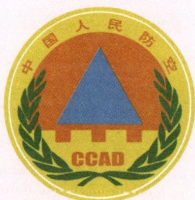

四、气象灾害防护常识

66 常见气象灾害预警信号有哪些？

我国根据不同种类气象灾害的特征、预警能力等，确定不同种类气象灾害的预警信号级别。气象灾害预警信号由名称、图标、标准和防御指南组成，总体上分为蓝色、黄色、橙色和红色四个等级(Ⅳ、Ⅲ、Ⅱ、Ⅰ级)，分别代表一般、较重、严重和特别严重，同时以中英文标识。预警信号涉及的气象灾害包括台风、暴雨、暴雪、寒潮、大风、沙尘暴、高温、干旱、雷电、冰雹、霜冻、大雾、霾、道路结冰等。

▲ 一般　▲ 较重　▲ 严重　▲ 特别严重

67 暴雨来临时的防御措施有哪些？

暴雨是指 24 小时降水量大于或等于 50 毫米的降水。暴雨来临前，应确保各种水道畅通，检查抢修房顶防止漏雨，注意收听天气预报，尽量减少外出。

▲ 暴雨

暴雨降临时，路上遇到大面积积水应谨慎观察，车辆尽量绕行，防止跌入水坑；远离会引发泥石流、滑坡等地质灾害的山体，谨防危情发生；在外远离输变电等电气设施，在家时一旦家中进水应立即切断电源，以防漏电。

68 发生洪涝时应如何采取防护措施？

居民住房发生小内涝时，可因地制宜，在家门口放置挡水板或堆砌土坎。水势漫入家中时，应关闭电源、煤气，尽快撤到楼顶避险，立即发出求救信号；搜集木盆、木材、大件泡沫塑料等适合漂浮的材料，准备药品、通信工具。被大水包围时，应尽快与当地政府防汛部门取得联系，积极寻求救援；不可攀爬带电的电线杆、铁塔，也不要爬到泥坯房的屋顶；发现高压线铁塔倾斜或者电线断头下垂时，一定要迅速远离。雨涝过后，要做好各项卫生防疫工作，预防疫病的流行。

69 洪涝中行人有哪些注意事项？

发生洪涝时，尽可能避免出行。万不得已出行时，要携带必要的雨具，在大风中或在山上时要穿雨衣不要打雨伞。不要在下大雨时骑自行车。要注意街道积水，不要在不知深浅或湍急的水流中行走。不要在道路边缘、围墙根或打着漩涡的路上行走，以免落入下水井。需要蹚水而行时，可借助木棍、竹竿等工具探路。看见倾斜及倒下的电线杆等输电设施，要远远绕行，以避免触电。一旦不小心跨入断导线落地点且感觉到跨步电压时，应赶快双脚并拢或用一只脚跳离断线落地点。遇到水面快速上升时，应就近迅速向山坡、楼房等高地转移。如发现被困或遭遇其他危险时，应及时呼救和报警寻求救援。

70 洪涝中行车有哪些注意事项？

洪涝中行车通过积水路段时，应打开汽车小灯，握好方向盘，小心驾驶，注意行人，采用挂低挡、少加油、慎用制动、慢而匀速行驶的方法通过。雨势特大时，千万不要冒险行驶，应选择较高的安全地带停车。不熟悉路况，不了解积水深度时，不要轻易地让汽车涉水。千万不能急加速，否则飞溅的雨水容易被汽车进气管吸入，造成发动机损伤。如车子不小心进水熄火后，千万不能再启动，否则发动机将“报销”。应尽快联系保险公司，并通知 4S 店施救。也可请路人帮忙，将汽车从水中推出来，尽快进行修理。当汽车在低洼处抛锚时，人员千万不要在车中等候，要及时离开汽车到高处等待救援。行车时，应尽量躲避对方来车行驶时所涌起的水浪，必要时可停车让对方汽车先通过。当水淹没高度达到车轮半径时，应尽量避免让汽车涉水。

71 风灾来临时有哪些注意事项？

影响我省的主要风灾是台风和龙卷风。

台风来临前，要关注天气预报，不要去台风经过的地区旅游，更不要在台风影响期间到海滩游泳或驾船出海。做好必要的防护措施，加固房屋门窗、户外广告牌；取下屋外各种悬挂物和盆栽植物，以防吹落伤人。台风到来时，应尽量停留在室内安全之处。风势突然停止时，可能正处于大风眼，不可贸然外出。确需出行时，应避开围墙、危险建筑、高层建筑与高层建筑之间的道路等。如需撤离时，应听从当地政府部门的安排，尽量和朋友、家人在一起，到事先指定的地区。

▲ 台风

躲避龙卷风最安全的地方是地下室或半地下室。在野外遇龙卷风时，应迅速向龙卷风前进的相反方向或垂直方向逃离，伏于低洼地面，远离大树、电线杆。汽车外出遇到龙卷风时，千万不能开车躲避，也不要在汽车中躲避，因为汽车对龙卷风几乎没有防御能力，应立即离开汽车，到低洼地躲避。

▲ 龙卷风

72 沙尘暴发生时该如何防护？

沙尘暴发生时，要减少外出，及时关闭门窗，勤洗手脸，多饮水，保持室内湿润。出门时要佩戴齐全，保护身体免受细菌侵袭。可使用防尘、滤尘面罩，戴眼镜，穿戴防尘的手套、鞋袜以保护皮肤。发生慢性咳嗽、气短、哮喘、胸痛等症状者要及时就诊。在强沙尘暴侵袭的地域，行人与车辆需注意交通安全。行人尽量沿人行道行走；同时，不要在广告牌下、树下行走或逗留，以防大风将其吹落使人受伤。开车驾驶时应控制车速，打开示廓灯、雾灯、尾灯，多鸣喇叭以警示前后左右车辆。

▲ 沙尘暴

73 室外防雷有哪些注意事项？

在空旷的田野上，要尽量降低自身的高度，不应该把铁铲、锄头、高尔夫球棍等带有金属的物体扛在肩上高过头顶。在市郊地区，最好躲入一栋装有金属门窗或设有避雷针的建筑物内，也可躲进有金属车身的汽车内。在稠密的树林中，最好找一块林中空地，双脚并拢蹲下；在大树下躲避雷雨是极不安全的。此外，不要在高楼烟囱下、地势高的山丘处停留，以防不测。在山间旅游，如路遇山洞也可进入避雷。打雷时，最好不要到湖泊、江河、海滩等处钓鱼和划船，也不要去游泳。打雷时，在平坦的开阔地带，最好不要骑马、骑自行车、驾驶摩托车或开拖拉机。

▲ 雷电

74 室内防雷有哪些注意事项？

打雷时，在室内相对比较安全，室内防雷主要注意两个方面：一是感应雷的防护。一般从户外接入的导线上容易产生感应雷，比如电源线、网络线、电话线、有线电视信号线等，从而造成设备损坏。雷雨天气时，最好关闭家用电器的电源，并拔掉电源插头；不要使用带有外接天线的收音机和电视机；不要接打固定电话；不要接触天线、煤气管道、铁丝网、金属窗、建筑物外墙等；远离带电设备；不要赤脚站在泥地或水泥地上；不要在雷电交加时用喷头洗澡。二是球形雷（球形闪电）的防护。主要是关闭门窗，防止危险的侧击雷和球形闪电侵入。

75 遭遇冰雹时如何自我防护？

冰雹发生时，切勿随意外出，确保老人小孩留在家中，暂停户外活动；如在户外，不要在高楼屋檐下、烟囱、电线杆或大树下躲避冰雹；关好门窗，妥善安置好易受冰雹影响的室外物品；在防冰雹的同时，也要做好防雷电的准备。

▲ 冰雹

76 雾霾天应如何防护？

做到一停二戴三洗四调，即停止户外活动，出门佩戴防护口罩，回家注意清洗，调理作息饮食。

77 雾灾的防护措施有哪些？

当出现水平能见度小于500米的雾时，习惯上称其为大雾或浓雾。浓雾大都出现在冬季，大雾天气给城市交通运输带来严重影响，由于能见度差、路面滑，容易引发撞车、撞人的事故。雾灾发生时，尽量不要外出，必须外出时，要戴上口罩，防止吸入对身体有害的气体。尽量少在雾中活动，不要在雾中锻炼身体。行人穿越马路要当心，要看清来往车辆。骑车要减速慢行，听从交警指挥。乘车（船）不要争先恐后，遇渡轮停航时，不要拥挤在渡口处。雾中驾车时，应打开防雾灯，与前车保持足够的制动距离，保持慢速行驶。在雾中停车，最好驶到道路以外。

78 冰雪灾害的防护措施有哪些？

预防冰雪灾害的关键是在做好天气预报的基础上，预先采取防护措施。疏导转移牲畜，采取一些保温防冻措施。非机动车驾驶员应给轮胎少量放气，增加轮胎与路面的摩擦力。冰雪天气行车应减速慢行，转弯时避免急转以防侧滑，踩刹车不要过急、过死。在冰雪路面上行车，应安装防滑链，佩戴有色眼镜或变色眼镜。路过桥下、屋檐等处时，要迅速通过或绕道通过，以免上面的冰凌因融化突然脱落伤人。在道路上撒融雪剂，以防路面结冰，并及时组织扫雪。

▲ 路面除雪

79 高温灾害的防护措施有哪些？

高温天气发生时，人们饮食宜清淡，多喝凉白开水、冷盐水、白菊花水、绿豆汤等防暑饮品。保证睡眠，准备一些常用的防暑降温药品。在高温条件下作业的人员，应采取防护措施或停止作业。白天尽量减少户外活动时间，外出要打伞、戴遮阳帽、涂抹防晒霜，避免强光灼伤皮肤。如有人中暑，应立即把病人抬至阴凉通风处，松解衣扣，并给病人服用生理盐水或防暑药品。如果病情严重，需送往医院进行专业救治。

高温天气容易使人疲劳、烦躁和发怒，应注意调节情绪。室内利用空调降温时，温度不宜过低。大汗淋漓时，切忌用冷水冲澡。应先擦干汗水，稍事休息后再用温水洗澡。老人、体弱者，或高血压、心肺疾病患者应减少活动。如有胸闷、气短等症状应及时就医。

▲ 高温防暑

五、紧急呼救常识

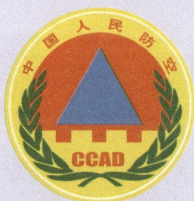

80 常用的紧急救助电话有哪些？

遇到突发事故或紧急情况需要报警或求助时，可以拨打下列电话：

（1）报警：110

（2）火警：119

（3）急救中心：120

（4）交通事故：122

特别提醒

请不要在没事的情况下因为好奇或认为好玩而随意拨打这几个重要号码或虚假报警，否则要承担相应的法律责任。

81 拨打“110”报警电话有什么注意事项？

（1）讲清什么时间发生什么事件，如杀人、抢劫、盗窃、自然灾害、公共设施出现险情，及发生溺水、坠楼、自杀等状况。

（2）讲清事件发生的详细地址，如具体的乡村、小区、道路、单位、大楼等名称及门牌号码。在陌生的地点报警时，可以描述周边地理位置方面的标志性特点，让接警人员可以根据描述判断事件发生的具体位置。

（3）讲清有没有人员伤亡和伤亡的大致程度。

特别提醒

在无法说话的紧急情况下，接通电话后可以用咳嗽、呻吟、敲击等方式反复传递求救信息。

82 拨打“119”报警电话有什么注意事项？

（1）讲清着火场的详细地址，包括路名、弄堂名、门牌号等。说不清楚具体地址时，要说出地理位置、周围标志性建筑物或道路标志。

（2）讲清什么物品着火（或起火原因）和当前的火势情况。

（3）讲清有没有人员被困，有没有发生爆炸或者毒气泄漏等情况。

▲ 灭火演练

特别提醒

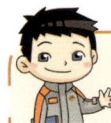

打完电话后，立即派人到交叉路口等候消防车，引导消防车迅速赶到火灾现场。如果火情发生了新的变化，要立即告知消防队，以便他们及时调整力量部署。

83 拨打“120” 报警电话有什么注意事项？

（1）讲清病人所处的详细地址。

（2）讲清病人的年龄、性别，病情或伤情。介绍伤病情况可以套用两个公式：外伤（什么时候 + 什么原因 + 哪个部位 + 出现什么情况），非外伤（哪个部位 + 怎么不舒服 + 多久了）。

（3）讲清现场需要急救的人数，因为救护车一般一车一床。

特别提醒

联系一定要保持畅通，如有条件，要派人去路口引导救护车，并提前疏导搬运病人的通道。

84 拨打“122”报警电话有什么注意事项？

（1）讲清交通事故情况，包括事故发生的时间、地点、车型、车牌号码、事故起因，有无发生火灾或爆炸，有无人员伤亡，车辆受损情况，是否已造成交通堵塞等。

（2）讲清报警人的身份信息，如姓名、性别、年龄等。

85 施放应急求救信号的方法有哪些？

（1）通信求救信号：利用手机拨打求救电话，或通过QQ、微信、微博等发送求救信号。

（2）声响求救信号：可以采取大声喊叫、吹响哨子或者猛击脸盆等方法，向周围发出求救信号。

（3）动作求救信号：可以在沿途画暗号，留下私人物品或者在人多时做怪异动作，吸引路人注意，伺机请求救援。

（4）光线求救信号：白天可以利用反光物品（如小镜子、手机屏等）在阳光下反复晃动。夜晚可以用手电筒（或手机内置电筒）向远处晃动。

（5）烟火求救信号：如果在野外遇到危险，白天点火后可以添加鲜草、树叶，使火堆产生浓烟；晚上点火后应该多添加干柴使火光更加明亮，这样容易让人发现。

（6）抛掷软物求救信号：如果在高楼遇到危险时，可以抛掷软物，如枕头、私人物品、塑料空瓶、纸团等，也可在抛掷物上写明求救内容。

（7）野外求救字样信号：在空地上（如沙滩、草地等）用石头、泥巴、杂草等拼组成较大的求救信号字母如“SOS”“HELP”等。

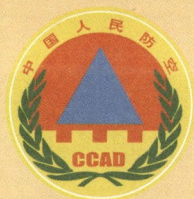

六、居家安全事故防范常识

86 家庭发生火灾的常见原因有哪些？

1. 电器安装或使用不当

（1）电线老化，电器电线超负荷使用，使用不合格电器、开关和插座等引起火灾。

（2）冬天使用不合格的电热毯，床上无人时长时间开着电热毯。

（3）看好电视后不关闭电视机电源，可能导致电视机内部有关元件长时间高压高热而起火，甚至爆炸。

（4）在开着的取暖器上覆盖衣物等。

2. 生活用火不慎

（1）炉火靠近可燃物。

（2）饭锅烧干，油锅烧着，开水壶干烧等。

（3）点燃的蜡烛、蚊香等放在沙发上或靠近窗帘、蚊帐、棉被等易燃物品导致火灾。

3. 可燃气体或液体遇明火

（1）因天然气（或液化气）的管道破裂、阀门的密封圈老化、连接软管老化而漏气，遇到明火导致火灾。

（2）家中存放易燃易爆物品，如燃油、酒精、香蕉水、其他挥发性物品等，遇到明火导致火灾。

4. 儿童玩火

（1）儿童因为好动，在家里玩打火机、火柴、燃气开关等导致火灾。

（2）在柴草等可燃物附近燃放烟花爆竹，或者爆竹弹入室内引起衣被等燃烧。

5. 吸烟

（1）躺在床上吸烟，睡着后烟头掉落在被褥上。

（2）随意扔烟头或者火柴梗。

87 灭火的基本方法有哪几种？

（1）扑灭法：对于刚刚发生的小范围普通火灾，可以用衣服、扫帚、树枝等物品直接扑打灭火，或用水浇灭。

（2）窒息法：用浸湿的棉被、麻袋、衣服或不易燃烧的石棉毯、黄沙等材料去覆盖燃烧物或堵住空气入口；炒菜时油锅起火，关掉炉火，用锅盖盖住起火的锅。

（3）隔离法：将靠近火源的可燃、易燃和助燃的物品搬走；把着火的物体移到安全的地方；关闭可燃气体、液体管道的阀门。

（4）冷却法：将灭火剂直接喷射到燃烧物上，或者火源附近的可燃物上。

（5）抑制法（化学法）：将化学灭火剂（如干粉灭火剂）喷入燃烧区使之参与燃烧的化学反应，从而使燃烧停止。

88 如何根据不同类型的火灾选择灭火器？

（1）固体物质火灾。这类火灾通常具有有机物性质，一般在燃烧时，能产生灼热的余烬，如木材、棉、毛、麻等引起的火灾。扑救此类火灾，可选择水型灭火器、泡沫灭火器、磷酸铵盐干粉灭火器、卤代烷灭火器。

（2）液体及可熔化固体火灾。如汽油、原油、沥青、石蜡等引起的火灾。扑救此类火灾，可选择泡沫灭火器（化学泡沫灭火器只限于扑灭非极性溶剂引起的火灾）、干粉灭火器、卤代烷灭火器、二氧化碳灭火器。

（3）气体火灾。如煤气、天然气、甲烷、乙烷、丙烷，氢气等引起的火灾。扑救此类火灾，可选择干粉灭火器、卤代烷灭火器、二氧化碳灭火器等。

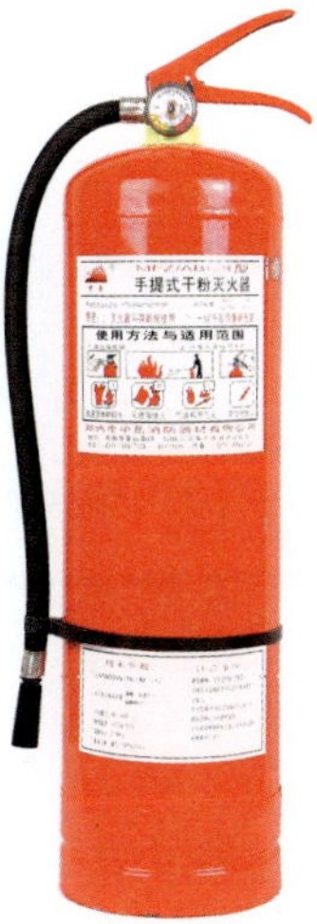

（4）金属火灾。如钾、钠、镁、锂、铝等引起的火灾。扑救此类火灾，可选择粉状石墨灭火器、专用干粉灭火器，也可用干砂或铸铁屑末代替。

（5）带电火灾。物体带电燃烧的火灾。扑救此类火灾，可选择干粉灭火器、卤代烷灭火器、二氧化碳灭火器等。带电火灾包括家用电器、电子元件、电气设备（计算机、复印机、打印机、传真机、发电机、电动机、变压器等）以及电线电缆等燃烧时仍带电的火灾，而顶挂、壁挂的日常照明灯具及起火后可自行切断电源的设备的火灾则不应被列入带电火灾范围。

（6）烹饪器具内的烹饪物火灾。如动植物油脂燃烧引起的火灾。扑救此类火灾，可选择干粉灭火器。

89 如何正确使用手提式泡沫灭火器和手提式干粉灭火器？

1. 手提式泡沫灭火器的使用方法

（1）提：右手握着压把，左手托着灭火器底部，轻轻地取下灭火器，用右手提着灭火器上面的提手，迅速到达距离着火点5米左右处。

（2）晃：用右手握住灭火器喷嘴（喷嘴朝着火处），左手执筒底边缘，把灭火器颠倒过来呈垂直状态，用劲上下晃动几下。

（3）喷：把喷嘴朝向燃烧区，然后放开喷嘴，对燃烧物进行喷射，并不断前进，直至把火扑灭。

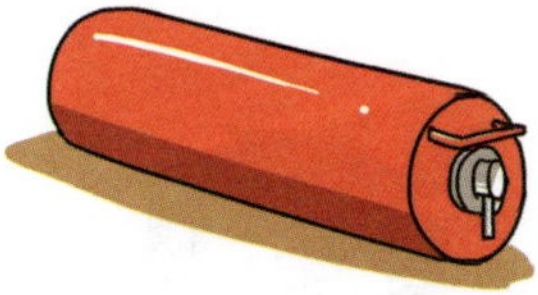

（4）放：灭火后，把灭火器卧放在地上，喷嘴朝下。

2. 手提式干粉灭火器的使用方法

扫码了解
灭火器使用方法

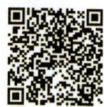

（1）提：手提灭火器的提把，赶到离燃烧物 5 米左右处，（在室外时应占据上风方向）。

（2）颠：先把灭火器上下颠倒几次，使筒内干粉松动。

（3）拔：放下灭火器，拔下保险销。

（4）压：一只手握住瓶底，另一只手用力压下压把，干粉便会从喷嘴喷射出来。

（5）喷：对准火焰根部喷射，由近而远，左右扫射，尽量使干粉灭火剂均匀地喷酒在燃烧物的表面，直至把火全部扑灭。在灭火过程中，干粉灭火器应始终保持直立状态，不得横卧或颠倒使用，否则不能喷粉。

90 哪些物品着火时不宜用水扑救？

（1）遇水燃烧的物质，如钾、钠、镁粉、铝粉、电石、生石灰等，遇水后能迅速发生剧烈的化学反应，产生大量的热，使火势更大，甚至会发生爆炸。

（2）轻于水且不溶于水的可燃液体火灾，不能用直流水扑救（可以用雾状水扑救，起降温和隔氧作用），如汽油、油漆、煤油、苯、甲苯、乙醚、二甲苯等。汽车、摩托车等使用汽油的交通工具起火，也不宜用水灭火。若用水灭火，大量燃烧的油漂浮在水面，随水流动，易造成火势蔓延。

（3）酒精溶于水以后还会燃烧，而且随着水的漫延，燃烧面积会扩大，达不到立刻灭火的作用。

（4）电脑、电器设备发生火灾时，首先要切断电源。在无法断电的情况下千万不能用水和泡沫扑救，因为水和泡沫都能导电。

（5）三酸（硫酸、盐酸、硝酸）火灾，不宜用强大的水流扑救，因酸遇水流冲击会喷溅伤人。

（6）烧红的金属件或者熔化的铁水、钢水不能用水直接扑救。因为水接触高温会迅速分解成氢气、氧气，或骤然产生大量的蒸汽，从而引起爆炸。

（7）被捆压得很紧的可燃物，如打包成捆的棉花等，水不易渗透，用水去扑救这类物质是徒劳的。

91 火灾发生时如何自救？

（1）熟悉环境，出口好找。

（2）发现火情，报警要早。

（3）速离险地，不贪不闹。

（4）保持镇定，有序出逃。千万不要盲目地跟从人流和相互拥挤、乱冲乱窜。撤离时要注意，朝明亮处或外面空旷地方跑，要尽量往楼层下面跑，若通道已被烟火封阻，则应背向烟火方向逃离，通过阳台、气窗、天台等往室外逃生。

（5）简易防护，掩鼻弯腰。穿过烟火封锁区时，可向头部、身上浇冷水，或用湿毛巾、湿棉被、湿毯子等将头、身裹好，

再冲出去。为防止烟雾中毒、预防窒息，可以用湿毛巾、口罩、湿衣服等蒙住嘴鼻，弯腰低头或匍匐撤离。

（6）勿入电梯，改走楼道。逃生勿入电梯，楼梯可以救急。电梯往往因断电而容易造成“卡壳”，人在电梯里随时会被浓烟毒气熏呛而窒息。

（7）缓降逃生，不等不靠。高层、多层公共建筑内一般都设有高空缓降器或救生绳，人员可以通过这些设施安全地离开危险的楼层。

（8）火已及身，切勿惊跑。当身上衣服着火时，应赶紧设法脱掉衣服或就地打滚，压灭火苗；及时跳进水中或让人向身上浇水。

▲ 消防灭火

（9）被困室内，固守为妙。在逃生通道被切断的情况下，应尽量待在阳台、窗口等容易被人发现和能避免烟火近身的地方。在房间时，应关紧迎火的门窗，打开背火的门窗，用湿毛巾、湿布塞堵门缝或用水浸湿棉被蒙上门窗，然后不停地用水淋透迎火门窗 ，防止烟火渗入，等待救援。

小贴士

身处高楼火灾绝境时，尽量等待救援人员。只有在非跳楼即烧死的情况下，才采取跳楼的方法。跳楼也要讲技巧，跳楼时应尽量往救生气垫中部跳或选择向水池、软雨篷、草地等方向跳；如有可能，要尽量抱些棉被、沙发垫等松软物品或打开大雨伞跳下，以减缓冲击力。如果徒手跳楼，一定要扒窗台或阳台使身体自然下垂跳下，以尽量减小与地面的垂直距离，落地前要双手抱紧头部，身体弯曲卷成一团，以减少伤害。

92 家庭安全用电有哪些注意事项？

五要：

（1）要使用合格产品。

（2）要使用标准保险丝。

（3）要为设备加盖。

（4）要安装漏电保护器。

（5）要经常检修及时更换电路、电器。

五不要：

（1）不要错误接线。不能在地线上和零线上装设开关和保险丝。禁止将接地线接到自来水管、煤气管道、电话线的地线上（以防强电窜弱电）；也不得接在避雷线的下引线上（以防雷电时反击）。

（2）不要带湿操作设备。

（3）不要在线路旁放置易燃物。

（4）不要直接接触插头金属部分。

（5）不要将塑料绝缘导线直接埋在墙内。

93 发生触电事故时如何处理？

（1）立即脱离电源。低压触电时，立即切断电源、关闭电闸或者拔去插头，用干燥木棒、竹竿等不导电的物体挑开电线，使触电者尽快脱离电源。切勿直接接触伤员，防止自身触电。高压触电时，应立即通知有关部门停电，并求助专业人员处理。

（2）帮助触电者脱离电源后，应立即拨打 120 急救电话。

（3）必要时可对触电者实施心肺复苏等急救措施。急救步骤详见 84 页。

实验研究和统计表明，触电者如果立即得到救治，则有 90%的可能性被救活；如果从触电后 6 分钟开始抢救，则仅有 10%的救活机会；而从触电后 12 分钟开始抢救，则被救活的可能性极小。因此当发现有人触电时，应争分夺秒，采用一切可能的办法施救。

94 电梯发生故障时如何自救？

1. 当电梯发生故障停止运行时

（1）电话呼救要及时：及时按下紧急呼叫按钮，或拨打报警电话，或直接拨打 119 求救，告知所在位置。

（2）间歇拍打等救援：在报警无效时，可以间歇性地呼救或拍打电梯门，以保持体力，冷静等待专业人员救援。严禁强行扒开轿厢门或从轿顶安全窗口爬出逃生。

2. 当电梯运行速度突然加快时

（1）层层按键快按下：不论有几层楼，迅速把每层楼的按键都按下。当紧急电源启动时，电梯可以马上停止继续下坠。

（2）自我保护姿势正：头背紧贴电梯壁，手抱脖颈半蹲下，注意身体呈一直线，增加身体的缓冲，用电梯墙壁作为防护，防止电梯坠落着地瞬间损伤脊椎和脖子。如果有扶手，最好一只手紧握扶手，防止因重心不稳而摔伤。

95 家庭安全用气有哪些注意事项？

（1）规范安装：不能私改私接燃气管道、设施，如因家里装修、安装热水器等须改动，应请燃气公司派专业人员施工。管道上不能悬挂或放置任何物品，以免造成管道接口松动发生漏气，不要将电线缠绕在燃气管道上，避免产生电火花，引起火灾事故。

（2）安全使用：使用燃气时，要保持室内通风，人不能远离燃气灶，以免汤液溢出浇灭火焰，导致燃气泄漏或容器烧干造成事故。不能开着燃气灶睡觉，不准小孩玩弄燃气灶。家中长时间无人或不使用燃气时，请关闭表前阀，防止漏气。

（3）加强保养：连接燃气灶的胶管一般使用 2 年，发现老化要及时更换，避免因胶管老化造成漏气。要经常检查燃气开关、连接管道等是否漏气。建议安装燃气报警器。

96 燃气中毒发生时如何急救？

（1）合理移位：立即关闭燃气阀，打开门窗，把病人转移到通风良好、空气新鲜的地方，并注意保暖。

（2）及时报警：发现有人燃气中毒情况严重，要及时拨打 120 求助，并马上实施急救。

（3）宽衣偏头：如果燃气中毒导致人员头疼、呕吐，施救者要松解中毒者的衣扣，保持其呼吸道通畅；对于神志不清的人员，应将他们的头部偏向一侧，以防呕吐物回流进入呼吸道引起窒息。

（4）心肺复苏：如发现呼吸骤停、心跳微弱甚至停止的人员，应立即进行口对口人工呼吸，并用体外按压的方法进行人工心肺复苏。如果患者曾呕吐，人工呼吸前应先清除口腔中的呕吐物。

（5）尽快供氧：如果家里或附近诊所有吸氧袋，可以尽快拿来给中毒者吸上，能较快地缓解头疼等中毒症状。

七、应急救护常识

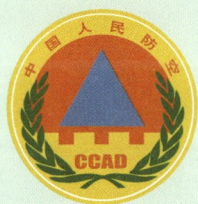

97 如何预防食物中毒？

俗话说："病从口入。"预防食物中毒的关键在于把住饮食关，搞好饮食卫生。

（1）养成良好的饮食卫生习惯；
（2）蔬菜瓜果要浸泡洗净；
（3）食用生凉菜肴要讲究卫生；
（4）隔餐隔夜食物要回锅煮透；
（5）不要把冰箱当"保险箱"；
（6）做到食用品的"三要三不要"。

三要：生食、熟食要分开；药品、食品要分开；生、熟刀砧要分开。三不要：不要购买过期食品；不要食用变质食品；不要吃喝不洁食品。

98 发生食物中毒时如何进行简易急救？

（1）不要立即用药止吐或止泻，应让体内毒素排出之后再向医生咨询是否使用一些药物。

（2）补充液体，促进排除病菌及其产生的肠毒素，减轻中毒症状。如无缓解迹象，甚至出现失水明显、四肢寒冷、腹痛腹泻加重、面色苍白等症状，应立即送医院救治。

（3）恢复后饮食要清淡，应食用容易消化的食物，不吃容易刺激肠胃的食品。

99 常见的传染性疾病有哪些？

甲类传染病：鼠疫、霍乱。

乙类传染病：病毒性肝炎、细菌性和阿米巴性痢疾、伤寒、艾滋病、淋病、梅毒、脊髓灰质炎、白喉、百日咳、流行性脑脊髓膜炎、猩红热、肾综合征出血热、钩端螺旋体病、布鲁杆菌病、炭疽、流行性和地方性斑疹伤寒、流行性乙型脑炎、黑热病、疟疾、登革热、肺结核、新生儿破伤风。

丙类传染病：血吸虫病、绦虫病、包虫病、麻风病、流行性感冒、流行性腮腺炎、风疹、急性出血性结膜炎，除霍乱、痢疾、伤寒和副伤寒以外的感染性腹泻。

100 传染病有哪些传播途径？

空气飞沫传播：如麻疹、白喉、流行性感冒等。
水传播：如霍乱、伤寒、痢疾、甲型病毒性肝炎等。
食物传播：如肠道传染病。
接触传播：如血吸虫病和钩端螺旋体病等。
虫媒传播：如疟疾、流行性乙型脑炎、鼠疫等。

垂直传播：母体患感染性疾病时病原体可通过胎盘或产道传给胎儿或新生儿。如 HBsAg 阳性的妊娠妇女可把乙肝病毒传给新生儿引起新生儿感染。

血液、血制品传播：如乙型肝炎、艾滋病等。

101 如何预防传染病？

（1）养成良好的卫生习惯，提高自我防病能力。

（2）加强体育锻炼，增强对传染病的抵抗力。

（3）按规定进行疫苗接种，提高免疫力。

（4）搞好环境卫生，消灭传播疾病的蚊、蝇、鼠、蟑螂等害虫。

（5）传染病人要早发现、早报告、早诊断、早隔离、早治疗、防止交叉感染。

（6）传染病人接触过的用品及居室均应严格消毒。

102 烧伤、烫伤如何应急处理？

（1）迅速使伤员脱离火源，尽快脱去着火或者沸液浸泡的衣服。不要强行脱去粘在皮肤上的衣服，否则会引起皮肤撕脱，可用剪刀剪开。

（2）受伤部位用冷水浸泡或者冲洗 20 分钟，化学烧伤用流动冷水冲洗至少 30 分钟。

（3）受伤面积很小时可不去医院，在冷却处理后可在局部涂烫伤药，若几日后加重需就医。

（4）受伤面积较大或自己不能确定时，在冷却的同时需拨打“120”即刻就医，局部不要用药。

（5）有条件者可在创面上先覆盖消毒纱布。

（6）水疱不要挤破，留待医生处理。

（7）烧伤面上不要迷信土法如涂酱油、食用油之类。

（8）不能采用冰敷的方法治疗烫伤，因为冰会损伤已经破损的皮肤导致伤口恶化。

103 流鼻血如何应急处理？

（1）取坐位，上身前倾，使血液从鼻孔流出，咽喉部的血液应立即吐出。不要躺下，头部不要后仰，防止鼻血侧流进喉咙。

（2）指压止血法，本人或者施救者用拇指和食指捏紧两侧鼻翼 5~10 分钟。

（3）局部止血法，用浸有 1% 麻黄碱，或 0.1% 肾上腺素的棉签塞入出血侧鼻腔 5~10 分钟。

（4）冷敷法，用冰块或者冷毛巾敷于鼻根部和前额部。

若采取这些措施仍无效，应及时就医，反复发作者也需要去医院查清鼻出血原因。

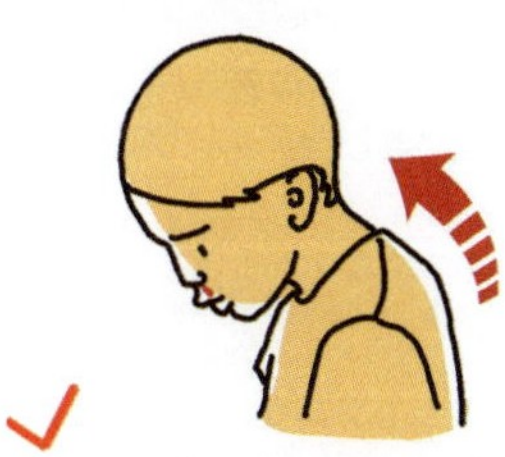

扶伤者坐直，头部向前倾

错误的方法：头往后仰

104 异物卡喉如何应急处理？

异物卡喉现场急救最为常用的方法是海姆利克急救法，具体操作方法是：

意识尚清醒的病人可采用立位或坐位，抢救者站在病人身后，双臂环抱病人，一手握拳，使拇指掌指关节突出点顶住病人腹部正中脐上部位，另一只手的手掌压在拳头上，连续快速向内、向上推压冲击 6~10 次。

昏迷倒地的病人采用仰卧位，抢救者骑跨在病人髋部，按上法推压冲击脐上部位。如果无效隔几秒后可重复操作一次。同时应拨打 120。

如旁边无人或不能说话呼救，病人必须迅速自救，可自己取立位姿势，下巴抬起，使气管变直，然后使腹部上端靠在一张椅子的背部顶端或桌子边缘或阳台栏杆转角，突然对胸腔上方猛力施加压力，也会取得同样的效果。

鱼刺卡喉时不宜喝醋，更不能用干咽饭团或馒头的方式处理。

105 有人突发晕眩、休克、心肌梗死时，如何应急处理？

（1）将患者移到空气流通处，使其平躺并抬高足部，从而增加心脏和脑部的供血。

（2）松开患者身上的衣服，特别是围绕颈部、胸部和腰部的衣物。若患者意识未恢复，应使其头后仰、抬起下颌，以防止舌根后垂阻滞气道。

（3）以毛毯或被单盖好患者身体，避免患者过冷或过热。注意观察患者的生命体征，必要时施行心肺复苏法，并送医院急救。

（4）呕吐患者应平卧侧头，防止窒息。

（5）患者如有心脏病史，发生类似心绞痛的疼痛时，应安静平卧，口服 1 片阿司匹林，舌下含服 1 片硝酸甘油，同时拨打 120 急救电话。

106 腹痛如何应急处理？

（1）卧床休息。取俯卧位可使腹痛缓解，也可双手适当压迫腹部使腹痛缓解。

（2）禁食禁饮。不论何种原因引起的急性腹痛，都不应吃东西、喝水。

（3）适当给予解痉药物，如阿托品或维生素，可暂时缓解腹痛。对于原因未明的腹痛不应盲目服用止痛药，以免掩盖病情，给医生诊断带来假象。

（4）出现呕吐时，可将冰袋放置在上腹部，而不要强制止吐。注意观察呕吐物的颜色、数量、次数等。

（5）应注意测试体温，看有无高热，并了解呼吸、脉搏、血压的情况，以便为医生诊治提供可靠的资料。

（6）腹痛剧烈且伴有呕吐、高热、血便和肠型时，应速送医院治疗，不宜久留家中，以免延误病情。

扫码了解
止血方法

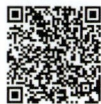

107 意外割伤如何应急处理？

对伤口进行清洁，用清水清洁伤口，擦上消毒药水，如过氧化氢溶液、碘伏等。若伤口仍在出血则应进行止血，止血方法包括：

（1）**指压止血法**，可以用清洁的敷料盖在出血部位，直接压迫止血，若出血严重可同时用手指压迫伤口近心端的动脉，阻断动脉血运行。压迫时间不能过长，每小时放开 5 ~ 10 分钟。

（2）**加压包扎止血法**，用敷料或其他洁净的毛巾、手绢、三角巾等覆盖伤口，加压包扎达到止血目的。

（3）**填塞止血法**，用消毒纱布、敷料填塞在伤口内，再用加压止血法包扎。不过躯干部出血不能用这种方法止血。

（4）**止血带止血法**，若上述方法均无效时可采用此方法，用止血带在上臂上 1/3 处或大腿中上段扎紧并标明时间，及时送往医院就诊。

108 眼部受伤如何应急处理？

眼部有异物时，不要用手揉搓，试着以眼泪将异物冲出，或用棉棒蘸清水拭去。化学药剂沾到眼睛，应视情况处理。可以用水冲洗的，应用大量清洁冷水长时间冲洗眼部；不能用水冲洗的，应特殊应对或送医院救治，切勿盲目用水冲洗。眼部插入异物，切勿随意拔出异物，简单包扎固定后至医院救治。

眼部受伤包扎法：

（1）用无菌纱布或干净手巾、布料等覆盖伤眼。

（2）将三角巾折叠成约四指宽的带条。

（3）将带条先斜盖在一侧伤眼上，下部从同侧耳下绕过脑后，经对侧耳上回到前额，压住另一头。将压住的一头翻下，盖住另一侧伤眼，再绕到耳旁或脑后打结。

（4）若仅一只眼睛受伤，则只覆盖伤眼。

109 骨折如何应急处理？

（1）置伤员于适当位置，就地施救。

（2）夹板与皮肤、关节、骨突出部位之间加衬垫，固定时操作要轻。

（3）先固定骨折上端（近心端），再固定下端（远心端），绑带不要系在骨折处，骨折两端应该分别固定至少两条固定带。

（4）前臂、小腿部位的骨折，尽可能在损伤部位的两侧放置夹板固定，以防止肢体旋转及避免骨折断端相互接触。

（5）固定时，在可能的条件下，上肢为屈肘位，下肢呈伸直位。

（6）应露出指（趾）端，便于检查末梢血运。

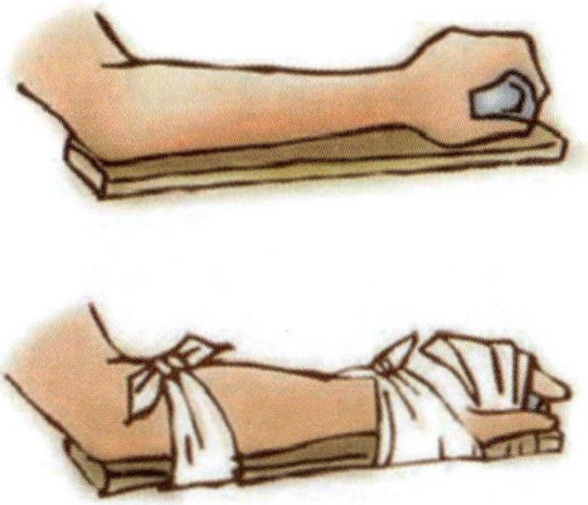

▲ 前臂骨折固定

110 意外被狗咬伤如何应急处理？

第一步应及时正确地进行伤口处理。应尽快用 3% ～ 5% 的肥皂水或 0.1% 新洁尔灭消毒液反复冲洗至少半小时，肥皂水与新洁尔灭消毒液不可合用。挤出污血，冲洗后用 70% 的酒精擦洗及用浓碘酒反复涂拭，伤口一般不予缝合或包扎。必要时使用抗生素和精制破伤风抗毒素。局部伤口处理愈早愈好，即使延迟 1 ～ 2 天甚至 3 ～ 4 天也不应忽视局部处理，此时如果伤口已结痂，也应将结痂去除后按上法处理。第二步立刻前往医院接种狂犬疫苗和注射抗狂犬病免疫血清。

111 如何防止发生溺水事故？

（1）不要独自一人外出游泳，更不要到不熟悉水情或比较危险的地方去游泳。选择安全的游泳场所，对游泳场所的环境卫生、水下情况要了解清楚。

（2）须有组织地在熟悉水性者的带领下去游泳，并指定救生员做安全保护。

（3）要了解自己的身体健康状况，平时四肢就容易抽筋者不宜游泳或到深水区游泳。要做好下水前的准备，先活动活动身体，如水温太低应先在浅水处用水淋洗身体，待适应水温后再下水游泳。有假牙的人应将假牙取下，以防呛水时假牙落入食管或气管。

（4）对自己的水性要有自知之明，下水后不要逞能，不要贸然跳水和潜泳，更不要酒后游泳。

（5）在游泳中如果突然觉得身体不舒服，如眩晕、恶心、心慌、气短等，要立即上岸休息或呼救。

（6）在游泳中，若小腿或脚部抽筋，千万不要惊慌，可用力蹬腿或做跳跃动作，或用力按摩、拉扯抽筋部位，同时呼叫同伴救助。

112 不慎溺水如何自救？

1. 腿脚抽筋的自救

不要慌张，保持身体在水中的平衡，腿尽量伸直，发现周围有人时立即呼救。

2. 游泳时突然下沉

若在游行过程中感觉身体突然没有力气，并下沉，可用手掌往下压，观察四周有无漂浮物，可借助它们等待救援。

3. 被水草缠绕

放松身体，观察缠绕情况，寻找解脱的方法；如果解脱不了，可大声呼救。

4. 游入深水漩涡

切勿踩水，应立刻平卧水面，沿着漩涡边，用爬泳快速地游过。

5. 有人救护时

放松身体，方便救护人员进行施救，不要紧抓救护者不放。听从其指挥，否则，两个人都有危险。

113 他人溺水时如何施救？

方法一：可将救生圈、竹竿、木板、绳索等物抛给溺水者，再将其拖至岸边。

方法二：若没有救护器材，且施救者游泳水平较高，可入水直接救护。接近溺水者时要转动他的髋部，使其背向自己然后拖运。拖运时通常采用侧泳或仰泳拖运法。

方法三：大声呼救同时拨打报警电话。

方法四：岸上急救溺水者。

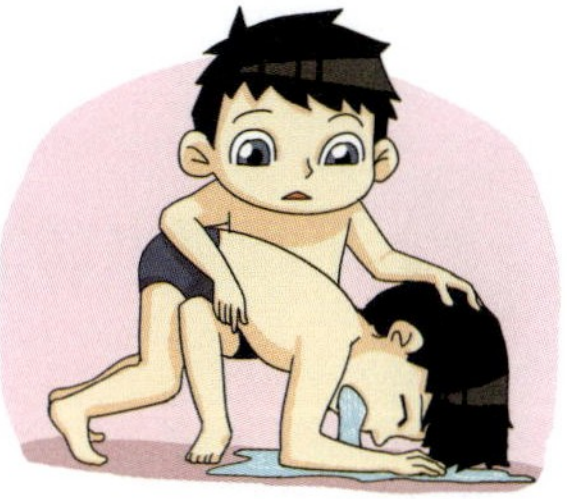

（1）迅速清除溺水者口、鼻中的污泥、杂草及分泌物，保持呼吸道通畅，并拉出舌头，以避免堵塞呼吸道。

（2）将溺水者抬起，使其俯卧在救护者腿上，腹部紧贴救护者腿部，头脚下垂，以使呼吸道内积水自然流出。但不要因为控水而耽误了进行心肺复苏的时间。

（3）进行心肺复苏。

（4）尽快联系急救中心或送溺水者去医院。

114 水中抽筋如何恢复？

（1）小腿、足趾或腿后肌群抽筋时，游泳者可先吸一口气，仰浮于水面，用抽筋肢体对侧的手握住抽筋肢体的脚趾，用力向反方向拉并保持一段时间，同时用另一手掌压在抽筋肢体的膝盖上，帮助抽筋腿伸直，注意动作要轻柔。

（2）大腿抽筋时，先吸一口气，然后仰浮于水面上，弯曲抽筋的大腿和膝关节，再两手抱住小腿，尽量使它贴在大腿上并加以颤动，然后用力向前伸直。

（3）手指抽筋，可先用力握拳，再用力张开，迅速反复几次。或者用另一只手握住抽筋的手向反方向掰直。

（4）手掌抽筋时，可用力将抽筋手掌向下压，并做振颤动作，直至恢复。

（5）上臂抽筋时，可握拳并屈肘，然后用力伸直，反复数次，直至恢复。

游泳抽筋缓解后一般不可再继续游泳，尤其是中老年人，否则容易再次抽筋，而应立即上岸休息并擦干身体，注意保暖，对仍觉疼痛的部位可做适当的按摩使之进一步缓解。

115 如何进行简单的心肺复苏？

首先评估环境（保证环境安全，做好自我防护），判断伤病员的反应（轻拍重呼，轻拍伤病员双肩并大声呼唤询问）和呼吸（扫视法，观察伤病员胸部或腹部起伏情况），之后高声呼救，表明身份，寻求围观群众帮助（拨打急救电话120，寻找附近除颤仪，维持现场秩序，保护伤病员隐私等）。

单人 CPR（心肺复苏）主要步骤包括：

（1）将伤病员翻成仰卧姿势（复苏体位），放在坚硬平面上，翻动过程中注意保护颈部。

（2）保持气道开放，通过看（查看胸部或腹部起伏情况）、听（听呼吸声）感受（感受面颊上有没有伤病员的呼吸）判断呼吸是否正常，时间不超过 10 秒。

扫码了解
心肺复苏方法

（3）对无呼吸或无正常呼吸者，立刻开展胸外心脏按压（婴幼儿和溺水者除外；先做 2~5 次人工呼吸），按压部位为胸部正中、乳头连线水平、胸骨下 1 / 2 处，双手掌根重叠，十指相扣，掌心翘起，手指离开胸壁，上半身前倾，双臂伸直，垂直向下有力、有节奏地按压 30 次，按压与放松的时间相等（下压深度 5~6 厘米，按压频率每分钟 100~120 次）。

（4）观察患者口中有无异物，如有，将异物取出检查，用仰头举颌法打开气道。

（5）进行口对口人工呼吸，口对口吹气 2 次（避免直接接触，可用呼吸膜置于伤病员口鼻上方），以 30 ：2 的按压 / 通气比例，进行 5 个周期 CPR 重新评价。

（6）如患者无反应、有呼吸、无脊柱损伤，将其置于恢复体位，保持气道通畅，随时观察生命体征。

单人 CPR 的再评价：

被抢救者自主呼吸及心搏已经恢复；复苏操作已达 30 分钟以上而患者意识、自主呼吸、心跳一直未恢复；心电图波一直呈现直线。

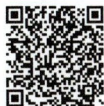

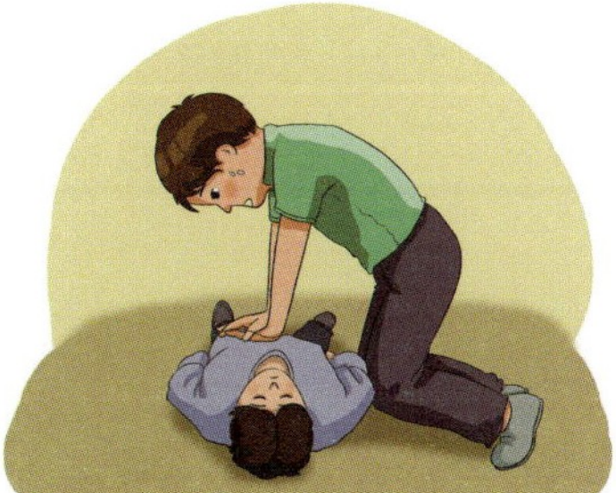

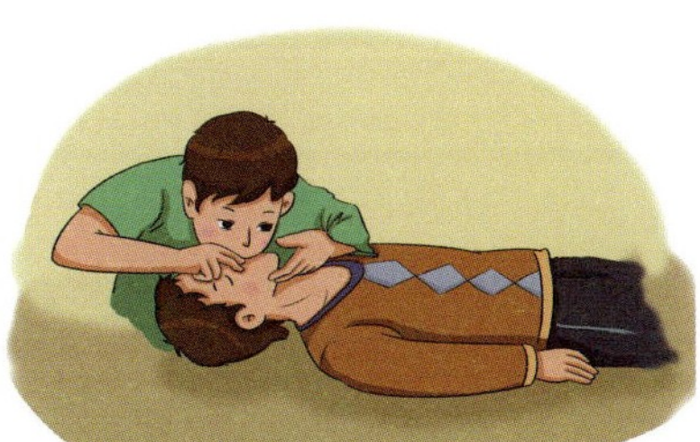

八、交通安全常识

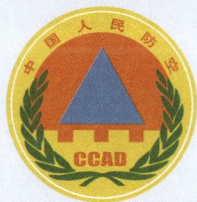

116 常见的道路交通禁令标志有哪些？

117 常见的道路交通指示标志有哪些？

118 驾驶机动车辆有哪些安全注意事项？

（1）不酒后驾车。

（2）驾车时，按规定使用安全带，不使用电话，不抽烟，不闲谈，不疲劳驾驶，做到精力集中。

（3）按照道路交通标志的指示行驶，控制车速，保持行车安全距离，注意观察行人和车辆动态，对交通情况的变化，及时做出正确的判断。

（4）临时停靠时，应将车辆停靠在道路右侧（在允许停车的路段），开左侧车门时不得影响后方行驶的车辆。

119 冰雪天气安全行车有哪些注意事项？

（1）冬季保养车辆时应注意调整车轮的制动装置，使四个车轮的制动力相等。

（2）控制车速，以低于50千米每小时的速度沿着前车的车辙匀速行驶，防止时快时慢。一般情况下不要超车、急转弯和紧急制动。

（3）保持行车距离，冰雪天行车间距应为干燥路面的2至3倍。当发现和前车的距离缩短时马上减速。

（4）在冰雪弯道上行驶时，要对减速或停车有高度的预见性。

（5）利用车内空调器调节车内温度，消除挡风玻璃上的雾汽，不得边开车边拿棉布毛巾擦拭雾汽，以免发生事故。

（6）雪厚超过车轴，又无前车车辙时，不要勉强行驶，及时报警求助。

（7）避免将车辆停放在树木、不结实的篷子、广告牌下面，以免树枝或篷顶被雪压断或被风吹断后，砸损车辆。

120 饮酒后，人体有哪些变化，必须严禁驾车？

（1）由于酒精的麻醉作用，人的触觉能力降低，往往无法正常控制油门、刹车及方向盘。

（2）饮酒后，人对光、声刺激反应时间延长，人的判断能

力和操作能力降低，无法正确判断车速和车距。

（3）饮酒后人易疲劳困倦，视力也可能暂时受损，视像不稳，辨色能力下降，视野减小，不能发现和正确领会交通信号、标志和标线。

小贴士

饮酒后，请乘坐其他交通工具或找代驾人员。

121 驾驶非机动车辆有哪些安全注意事项？

（1）不在机动车道行车，应在非机动车道上靠右行驶，不逆行，按照交通信号灯的指挥驾驶。

（2）通过没有信号灯的交叉路口时要注意：支路车让干路车先行；干支路不分的路口，非机动车让机动车先行；从街巷驶入干路时，不要突然冲出。

（3）拐弯前要伸手示意，不要抢行、猛拐、争道。

（4）不载过重物品，不骑车带人，不在骑车时戴耳机听音乐。

（5）未满 12 周岁的儿童，不在道路上骑、学自行车。

122 遇到交通事故时如何应急处理？

（1）立即开启危险报警闪光灯，并在来车方向设置警告标志，必要时迅速报警，并联系保险公司。

（2）报警时说清交通事故的地点及事故的大致情况。

（3）保护好现场，不要移动车辆等物品。

（4）有人受伤时，要迅速拨打 120 急救电话寻求支援。

（5）如果发生轻微财产损失且未造成人身伤亡的交通事故，当事人对事实及成因无争议时，可从前后不同角度拍摄带有车牌号码、碰擦部位的事故照片，双方互留联系方式，先行撤离现场，防止造成交通堵塞。过后事故双方自行协商解决或共同至交管部门解决。

123 飞机紧急迫降时如何安全防范？

（1）听从机组人员指挥有序逃生。保持镇静，不高喊，不乱跑，不取行李物品。

（2）解除领带、围巾、金银首饰等，脱下高跟鞋。

（3） 准备一条潮湿毛巾，以备机舱内有烟雾时掩住口鼻。

（4）在飞机紧急着陆时，用棉衣、毯子等包裹住头部，向前俯身，双手抱头。

（5）飞机迫降成功，安全门打开后，充气逃生梯会自动膨胀。乘客跳下逃生梯时不要慌忙，要站稳，双臂向前伸开用坐姿跳到逃生梯上下滑，避免下滑重心不稳造成人身伤害。

124 地铁内发生爆炸、纵火等紧急事故时如何应对？

（1）迅速按下列车报警按钮，使司机及时获取报警信号。

（2）利用车内的消防器材灭火自救，如果火势蔓延迅速，用携带的衣物、纸巾捂住口鼻，低身逃离至相对安全的车厢，关闭车厢门，防止火势蔓延，赢得逃离时间。身上着火时不要奔跑，可就地打滚或迅速脱下衣服用脚将火踩灭，或请他人协助用厚重衣物压灭。

（3）地铁在运行期间，不要有拉门、跳窗等危险行为。

125 公共汽车内发生爆炸、纵火等紧急事故时如何应对？

（1）沉着冷静，迅速开启车门，有序下车，用随车灭火器灭火。

（2）如果爆炸、着火部位在中间，则从前后车门有序下车。

（3）若车门线路被炸坏、烧坏，开启不了，可砸开车窗翻身下车。

126 乘坐出租车、网约车的安全注意事项有哪些？

（1）早间、夜间以及目的地偏僻时，尽量不要独自乘车。乘坐网约车时，上车前要核对车牌号和车型号等信息，可拍照发送给亲戚、朋友；乘坐出租车下车前索要发票。

（2）尽量避免坐副驾驶位，遇到心生歹意的司机，副驾驶位往往更容易受到骚扰和侵犯，不易于自我防护。

（3）不搭乘装饰怪异、玻璃视线不明、车号不清的车辆。

（4）上车后，注意车门及车窗开关是否正常，若发现有异常或司机有喝酒、衣着不整、言语不正常等情形时，应尽可能想办法下车。

（5）尽量避免和司机攀谈，以免透露自己的个人信息，尤其是家庭财产状况、终点是否有人接、是否一个人住等问题。

（6）可在手机上实时定位自己的位置信息，观察自己是否偏航。如有异常，随时联系朋友，情况严重时可以报警。

（7）平时，女生包里可携带一些防身工具，以备不测。

127 乘船的安全注意事项有哪些？

（1）上、下船时，要等船舶靠稳，待工作人员安置好跳板。不要相互推挤、攀爬船杆，以免发生意外挤伤、落水事故。

（2）船舶在航行途中遇到大雾、大风等恶劣天气临时停泊时，要耐心等待，不要催促船员冒险开船。

（3）要熟悉所乘船舶的环境，熟悉应急逃生的安全通道，以便在紧急情况下能尽快疏散逃生。

（4）牢记救生衣所在位置，熟悉救生衣的使用方法。

128 发生拥挤踩踏时如何逃生？

（1）当发觉人群朝自己行走的方向拥来时，马上避到一旁等待人流通过再离开。来不及避开时应紧贴一面墙站住，双手交叉抱于胸前，避免胸部受到严重挤压而窒息。如果有可能，抓住一样坚固牢靠的东西，如路灯柱、电线杆、大树等。

（2）若不慎陷入人群中，要先稳住双脚不逆流而行，以防止被推倒。要和大多数人前进的方向保持一致，不奔跑。

（3）如发现有人情绪不对或人群骚动时，稳住双脚，不要采用前倾体位或者低重心的姿势，不要贸然弯腰捡拾鞋子或贵重物品，避免被推倒踩踏。

（4）若不幸被人群拥倒，要设法让身体靠近墙角或其他支撑物，没有墙壁时，尽可能让身体蜷缩成球状，保持意识清醒，张大嘴呼吸，双手抱头，双臂护住胸腹部，并力争尽早站起。

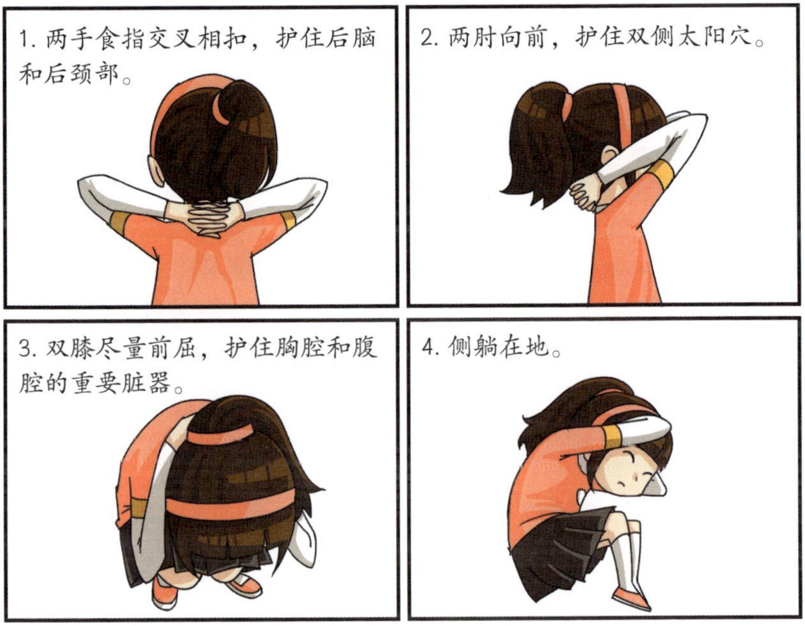
1. 两手食指交叉相扣，护住后脑和后颈部。
2. 两肘向前，护住双侧太阳穴。
3. 双膝尽量前屈，护住胸腔和腹腔的重要脏器。
4. 侧躺在地。

图书在版编目(CIP)数据

江苏民防知识手册 ：社区版 / 江苏省民防局主编
. -- 南京 ：南京大学出版社，2018.8（2018.11 重印）
ISBN 978-7-305-20830-0

Ⅰ. ①江… Ⅱ. ①江… Ⅲ. ①民防－基本知识－中国
－手册 Ⅳ. ①E256-62

中国版本图书馆 CIP 数据核字（2018）第 186580 号

出版发行　南京大学出版社
社　　址　南京市汉口路 22 号　　　邮　　编　210093
出 版 人　金鑫荣

书　　名　江苏民防知识手册・社区版
主　　编　江苏省民防局
责任编辑　沈　洁　　　　　　编辑热线　025-83595227

印　　刷　南京爱德印刷有限公司
开　　本　880×1230　1/32　印张　3.375　字数　65 千
版　　次　2018 年 8 月第 1 版　2018 年 11 月第 2 次印刷
ISBN 978-7-305-20830-0
定　　价　12.00 元

网　　址：http://www.njupco.com
官方微博：http://e.weibo.com/njuyzxz
南京大学出版社官方微信号：njupress
销售咨询热线：（025）83594756